●●すかしを食う
スカッ
↓22ページ

木に●●をつぐ
？
？
↓52ページ

井《い》の中の●●●
大海《たいかい》を知らず
オレが
いちばんだ！
↓37ページ

くさっても●●
↓55ページ

●●をさす
ドボ
ドボ
↓14ページ

泣《な》き面《つら》に●●
ブーン
↓92ページ

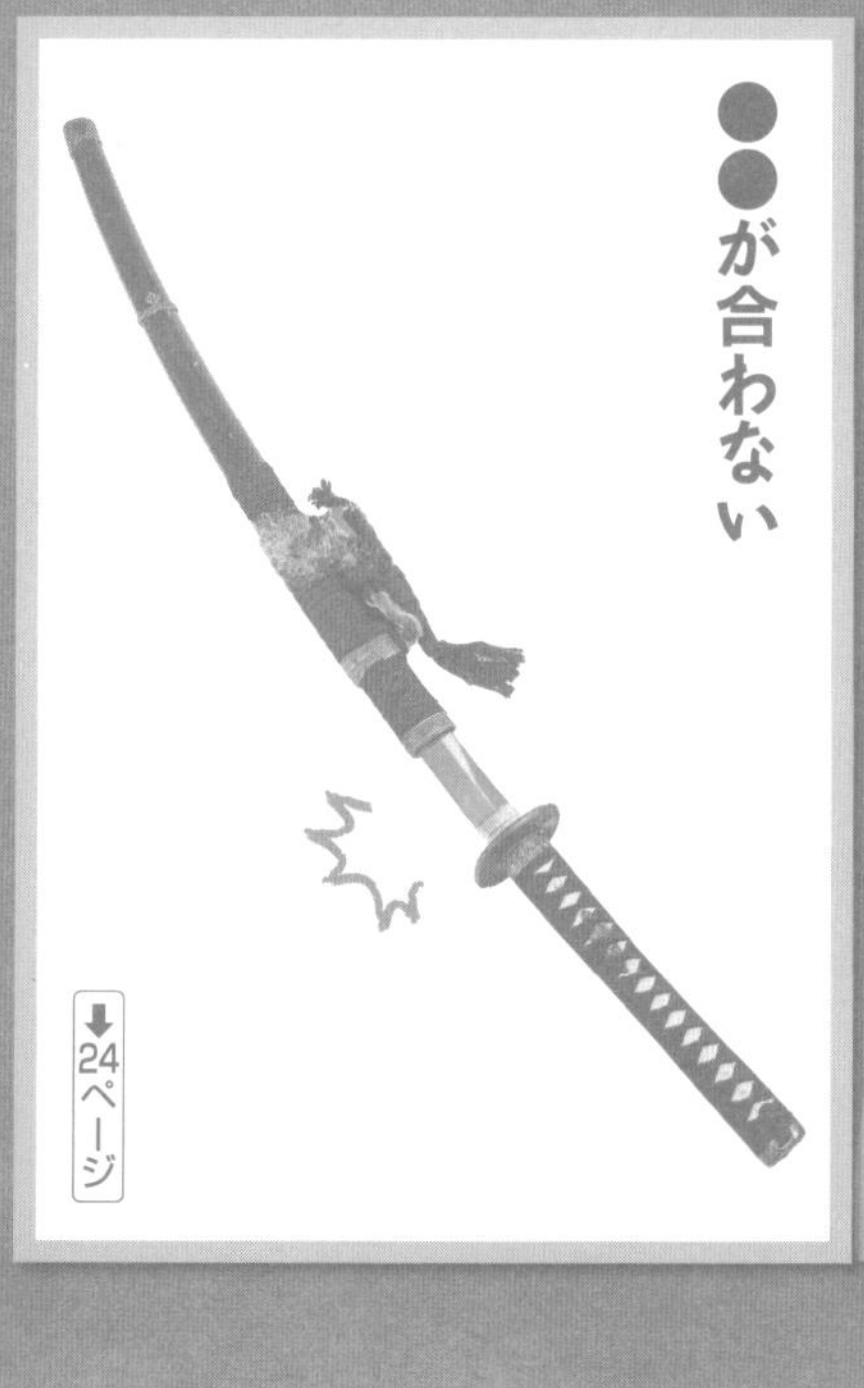
●●が合わない
↓24ページ

●●●の歯ぎしり
キリ
キリ
↓60ページ

馬の耳に●●●●●
南無阿弥陀仏《なむあみだぶつ》
南無阿弥陀仏《なむあみだぶつ》
？
？
↓40ページ

※●はひらがなにしたときの文字数です。

写真で読み解く ことわざ大辞典

監修 倉島節尚
（大正大学名誉教授）

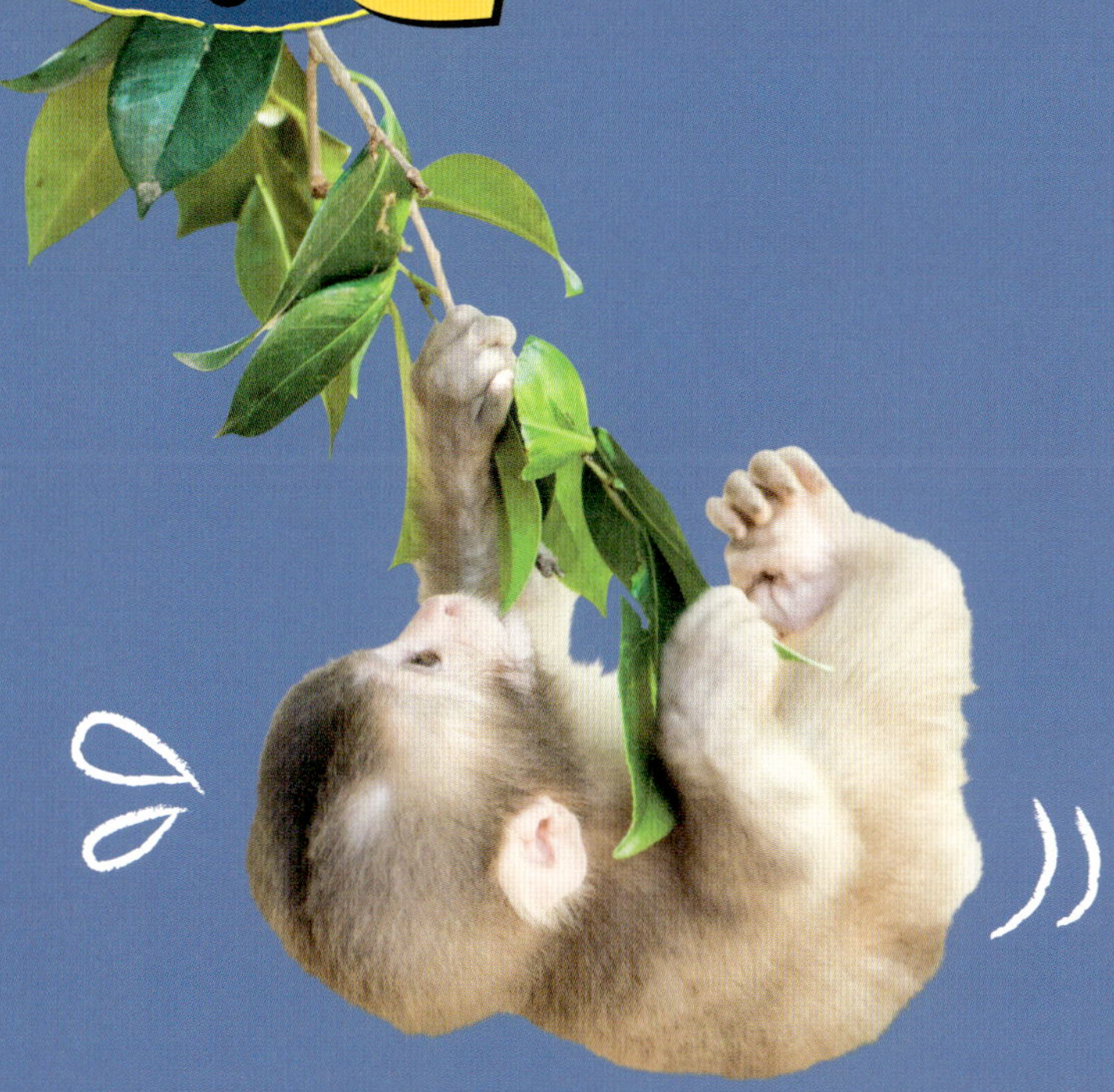

監修《かんしゅう》の言葉

たいの尾《お》より いわしの頭
↓75ページ

みなさんは、これまでにお父さんやお母さんから、「ときには負けるが勝ちということもあるよ。」とか「急《いそ》がば回れっていうでしょ。」などと言われたことがありませんか。負けたのに勝ちとはどういうことだろうとか、急いでいるときに回り道をしなさいなんてなぜだろうと、不思議《ふしぎ》に思ったことでしょう。こういう言葉を「ことわざ」といいます。

ことわざは昔から人々の間で言いならわされてきたちえや教え、あるいは風刺《ふうし》やこっけいな言葉遊びなどを、短くて覚《おぼ》えやすい言葉でたくみに言いあらわしたもので、わたしたちの言葉の財産《ざいさん》ともいうべきものです。

ことわざに似《に》ているものに、慣用句《かんようく》や四字熟語《よじじゅくご》、故事成語《こじせいご》とよばれるものがあります。これらはどれも短い言葉で言いたいことをうまく言いあらわすことができるので、わたしたちの日常《にちじょう》のくらしの中でよく使われています。この本では、ふだん接《せっ》することの多いことわざを中心に、慣用句、四字熟語、故事成語などを集めて、わかりやすく説明《せつめい》しました。

昔から使われてきたことわざや慣用句などの中には、現在《げんざい》ではなじみのうすくなったものが出てくることがあります。「うのまねをするからす」の「う」はどんな鳥で、「同じ穴《あな》のむじな」の「むじな」はどんな動物なのでしょう。「うだつが上がらない」の「うだつ」って何？　「青菜《あおな》に塩《しお》」や「たががゆるむ」というのは、どういう状態《じょうたい》なのでしょうか。

こうした疑問《ぎもん》にこたえられるように、この本ではたくさんの写真を使って、ひと目で実際《じっさい》のすがたや状態がわかるように工夫《くふう》してあります。辞典《じてん》のようにも使えますし、気ままにページを開いて、図鑑《ずかん》のように写真を見てくださってもけっこうです。

みなさんがこの本を読んで、昔から受けついできたいろいろな言葉を楽しみながら覚え、ゆたかな表《ひょう》現《げん》ができるようになることを、心から願《ねが》っています。

大正大学名誉教授《たいしょうだいがくめいよきょうじゅ》　倉島節尚《くらしまときひさ》

コロンブスの卵《たまご》
↓61ページ

実を結《むす》ぶ
↓13ページ

写真で読み解《と》く ことわざ大辞典《じてん》 目次《もくじ》

監修《かんしゅう》の言葉 …… 2
この辞典の使い方 …… 4

仲間《なかま》のことわざ

【鳥】のことわざ …… 6
【猫《ねこ》】のことわざ …… 8
【魚】のことわざ …… 10
【植物】のことわざ …… 12
【食べ物】のことわざ～料理《りょうり》編《へん》～ …… 14
【食べ物】のことわざ～食卓《しょくたく》編《へん》～ …… 16
【手】のことわざ …… 18
【着物】のことわざ …… 20
【相撲《すもう》】のことわざ …… 22
【戦《いくさ》の道具】のことわざ …… 24
【囲碁《いご》・将棋《しょうぎ》】のことわざ …… 26

五十音順《じゅん》ことわざ辞典

【あ行】 …… 28
【か行】 …… 46
【さ行】 …… 62
【た行】 …… 74
【な行】 …… 92
【は行】 …… 102
【ま行】 …… 114
【や行】 …… 122
【ら行】 …… 126
【わ行】 …… 128

●もっと知りたい！ 故事成語《こじせいご》のお話 …… 129
●調べてみよう！ 仲間のことわざ …… 133
●さくいん …… 138

将棋《しょうぎ》だおし
↓26ページ

机上《きじょう》の空論《くうろん》
↓52ページ

犬も歩けばぼうに当たる
↓37ページ

この辞典《じてん》の使い方

この本は、ことわざ・慣用句《かんようく》・四字熟語《よじじゅくご》・故事成語《こじせいご》の意味や使い方を調べられる辞典です。五十音順《じゅん》辞典のほかに、「猫《ねこ》」や「食べ物」といったテーマでこれらの言葉を集めたページ（6～27ページ）や、故事成語のもととなった話をくわしく知るためのページ（129～132ページ）もあります。言葉がどこにのっているかわからないときは、さくいん（138～143ページ）を引くとべんりです。

言葉の種類《しゅるい》を四つのマークで示《しめ》しています

ことわざ
昔から言い伝《つた》えられてきた、生活のちえや人生の教えをあらわす言葉。

慣用句
二つ以上の単語《たんご》が結《むす》びつき、もとの意味とはちがった意味で使われるようになった言葉。

四字熟語
漢字四文字が組み合わさって、決まった意味をあらわす言葉。

故事成語
おもに昔の中国のできごとや言い伝えから生まれた言葉。

※一般《いっぱん》に、これらの言葉の区別《くべつ》はかならずしも明確《めいかく》ではなく、本によって分類《ぶんるい》のしかたがちがう場合もあります。

仲間《なかま》のことわざ（6～27ページ）

手のことわざ

ペタッ
協力《きょうりょく》するよ！
パッ
知らなーい。

手の平《ひら》を返す 慣用句
意味 それまでと、急にがらりと態度《たいど》を変《か》える。
解説 それまで手の平《ひら》を見せていたのに、急にひっくり返して手の甲《こう》を見せるということから。「手のうらを返す」ともいう。
使い方 さっきまでわたしの味方だった弟が、**手の平を返した**ようにお父さんの味方になった。

手玉に取る 慣用句
意味 人を自分の思うように動かす。
解説 お手玉を投げて遊ぶように、自由にあやつるということから。
使い方 相手のチームに**手玉に取られ**、負けてしまった。

18

五十音順ことわざ辞典（28～128ページ）

あ

阿《あ》吽《うん》の呼《こ》吸《きゅう》 ことわざ

あ
うん
神社やお寺の入り口にある狛犬《こまいぬ》や仁王像《におうぞう》の口は、左右《さゆう》で「阿《あ》」「吽《うん》」の形をしている。「阿吽《あうん》の呼吸《こきゅう》」で、神社やお寺を守っているんだね！

意味 二人以上《いじょう》で何かをするときに、おたがいの気持ちや調子、タイミングがぴったり合う。
解説 「阿《あ》」ははく息、「吽《うん》」はすう息をあらわす。
使い方 チームプレーには**阿吽《あうん》の呼吸《こきゅう》**が必要《ひつよう》だ。

まめ知識
「阿吽《あうん》」は始まりと終わりをあらわす言葉
インドの古い言葉「梵語《ぼんご》」（サンスクリット語）で、「阿《あ》」は口を開いて出す最初《さいしょ》の音、「吽《うん》」は口を閉《と》じて出す最後《さいご》の音。ものごとの始まりと終わりをあらわしている。日本語の五十音の「あ」と「ん」にあたる音だね。

開いた口がふさがらない ことわざ
意味 あきれて何も言えなくなってしまう。
解説 口を開けておどろいているようすから。「開いた口がふさがらぬ」ともいう。
使い方 妹のわがままぶりには、**開いた口がふさがらない**。

相づちを打つ 慣用句
意味 話を聞きながら、うなずいたり、「うんうん」「なるほど」と同意したりして、相手の話に調子を合わせる。
解説 かじ屋が刀をつくるときに、二人で交互《こうご》に「つち」を打ち合う動きから。「つち」は、金づちや木づちなど、ハンマーの形をした道具。
使い方 お姉ちゃんは、お母さんの話にとてもうまく**相づちを打つ**。

相づちは、師匠《ししょう》と弟子《でし》が息を合わせて行う。タイミングが悪いと焼《や》いた鉄が冷《ひ》めてしまうから、「トンテンカン」とリズムよく打つことが大切。「トンチンカン」は、相づちがうまく打てない音から生まれた言葉だよ。

28

ぬれ手であわ
意味 苦労《くろう》しないで、大もうけをする。
解説 「あわ」は稲《いね》の仲間《なかま》の植物。あわの実をぬれた手でつかむと、手にたくさんついてくることから。「ぬれ手にあわ」ともいう。
使い方 お姉ちゃんもお兄ちゃんもおやつはいらないというので、全部ぼくがもらった。**ぬれ手であわ**だ。
【似た意味の言葉】一攫千金《いっかくせんきん》 ⬇36ページ

手を結ぶ
意味 力を合わせようと約束《やくそく》する。仲直《なかなお》りをする。
解説 「結《むす》ぶ」には団結《だんけつ》する、いっしょになるなどの意味がある。
使い方 地球の環境《かんきょう》を守るため、世界の国ぐにが**手を結《むす》ぶ**。
【似た意味の言葉】手をにぎる

両手に花
意味 ❶価値《かち》のあるもの、美しいものを、二つ同時に手に入れる。❷男の人が二人の女の人にはさまれる。
解説 美しい花を両手に持つということから。
使い方 ❷おじいちゃんは、わたしとお姉ちゃんが遊びに行くと**両手に花**だと言って喜《よろこ》んでくれる。

19

見出し語《みだ》

この本で調べられる言葉。6～27ページはテーマごとに、28～128ページは五十音順にならべてあります。

まめ知識《ちしき》

その言葉に関係のある、知るとおもしろい背景話《はいけいばなし》や知識など。言葉の意味だけでなく、いろいろな知識が身につきます。

写真

言葉をよりよく理解《りかい》するための写真。言葉の意味をそのままあらわしたり、実験《じっけん》したりしています。言葉の中に出てくる昔の道具や、ふだんなじみのないもの・動物なども、写真で解説《かいせつ》。

あくせ ◀ あいた

あ

青菜《あおな》に塩《しお》
意味 元気をなくし、しょんぼりしたようす。
解説 青菜《あおな》に塩《しお》をかけると、水分が外に出てしおれてしまうことから。青菜《あおな》とは、ほうれん草や小松菜《こまつな》など、緑色のこい葉菜類《ようさいるい》のこと。
使い方 お父さんにしかられて、**青菜《あおな》に塩《しお》**の弟。
【似た意味の言葉】なめくじに塩《しお》

青は藍《あい》より出《い》でて藍《あい》よりも青し
意味 教え子が、先生よりもりっぱになる。
解説 藍《あい》の葉で染《そ》めた布《ぬの》は、もとの藍《あい》よりきれいな青になることから。「出藍《しゅつらん》のほまれ」ともいう。
使い方 先生より有名な画家になるなんて、**青は藍《あい》より出《い》でて藍《あい》よりも青し**だ。

秋の日はつるべ落とし
意味 秋は太陽がしずみ始めるとあっという間にしずみ、すぐに暗くなってしまう。
解説 秋の太陽がしずむようすを、手をはなすといきおいよくまっすぐに井戸《いど》の中に落ちる「つるべ」にたとえた。
使い方 **秋の日はつるべ落とし**、そろそろ家に帰らなくちゃ。

悪事《あくじ》千里《せんり》を走る
意味 悪い行いやひょうばんは、すぐに世の中に広まってしまう。
解説 「里《り》」は昔の長さの単位《たんい》で、千里《せんり》はとても遠いきょりのこと。「悪事《あくじ》千里《せんり》を行く」ともいう。
使い方 **悪事《あくじ》千里《せんり》を走る**だから、悪いことはできない。
【反対の意味の言葉】好事門《こうじもん》を出《い》でず

悪銭《あくせん》身につかず
意味 悪いことをして手にしたお金は、大切に思わずにむだ使いをして、すぐになくなるものだ。
解説 「悪銭《あくせん》」は、人からぬすんだりだましたりして手に入れたお金。
使い方 **悪銭《あくせん》身につかず**で、どろぼうは、ぬすんだお金をあっという間に使い果《は》たした。

29

意味

言葉の意味。二つのちがった意味をもつ場合は❶、❷に分けて説明《せつめい》しています。

解説

その言葉が使われるようになった理由や、わかりにくい単語の意味などを解説。同じ意味で別《べつ》の言い方があるものや、使うときに注意が必要《ひつよう》なものについても説明しています。故事成語の中で、「故事成語のお話」(129～132ページ)にもととなった話がのっているものは、そのページを示しています。

使い方

その言葉を使った例文《れいぶん》。別の使い方がある場合はどちらか一つまたは両方の使い方を❶、❷であらわしています。

【似《に》た意味の言葉】【反対の意味の言葉】

その言葉と似た意味をもつ言葉や、ほぼ反対の意味をもつ言葉。見出し語として取り上げられている場合は、そのページを示しています。

鶴《つる》の一声《ひとこえ》

ことわざ

意味 いろいろな人の意見をおさえ議論《ぎろん》をまとめるような、えらい人、すぐれた人のひと言。

解説 鶴の鳴き声は高くて、とても遠くまでひびきわたることから。たくさんのすずめの声よりまさっているという意味で、「すずめの千声《せんこえ》鶴《つる》の一声《ひとこえ》」ということもある。

使い方 コーチの**鶴《つる》の一声《ひとこえ》**で、夏休みに毎朝練習をすることが決まった。

おうむ返し

慣用句

意味 相手の言った言葉をそのまま同じように言い返す。

解説 おうむが人の言った言葉を、そのままま ねして言うことから。

使い方 妹は、わたしの言ったことを何でも**おうむ返し**に言う。

目《め》白《じろ》おし

慣用句

意味 たくさんのものが、すき間もないくらいにならぶ。おし合うようにしてならぶ。

解説 目《め》白《じろ》が、おし合いながら何羽もならんで木の枝《えだ》にとまるようすから。

使い方 冬休みは楽しい計画が**目《め》白《じろ》おし**だ。

きじも鳴かずばうたれまい

ことわざ

意味 よけいなことを言わなければ、こまったこと、悪いことをまねかなくてすむ。

解説 きじも鳴かなければ、見つかってうたれることもないのにということから。

使い方 **きじも鳴かずばうたれまい**っていうのに、よけいなひと言のせいであいつは先生におこられた。

一《いっ》石《せき》二《に》鳥《ちょう》

四字熟語

意味 一回の行動で、二つのものを一度に手に入れる。

解説 一つの石を投げて、二羽《わ》の鳥を一度に落としてつかまえるということから。

使い方 どちらのためにもなる、**一《いっ》石《せき》二《に》鳥《ちょう》**のいいアイデアだと思う。

【似た意味の言葉】一《いっ》挙《きょ》両《りょう》得《とく》

猫《ねこ》のことわざ

興味《きょうみ》なし……。

猫《ねこ》に小《こ》判《ばん》

ことわざ

意味 とても高価《こうか》なものでも、もらった本人にその価値《かち》がわからなければ役に立たない。

解説 「小判《こばん》」は昔使われていたお金。猫《ねこ》に小判《こばん》をやっても、喜《よろこ》ばないことから。

使い方 くじ引きで指輪《ゆびわ》が当たった。ぼくには**猫《ねこ》に小判《こばん》**だ。

【似た意味の言葉】ぶたに真珠《しんじゅ》 ⬇111ページ

借《か》りてきた猫《ねこ》

慣用句

意味 いつもとちがって、おとなしくしている。

解説 自分がかわれている家では元気な猫《ねこ》も、ねずみをとるためにほかの家に借《か》りられていくと、おとなしく小さくなっていることから。

使い方 あんなにさわがしかったあいつが、新しいクラスになってから、**借《か》りてきた猫《ねこ》**のようだ。

猫《ねこ》にかつお節《ぶし》

ことわざ

意味 まちがいが起こりやすい状態《じょうたい》。ゆだんできない危険《きけん》な状態《じょうたい》。

解説 猫《ねこ》に、猫《ねこ》が大好きなかつお節《ぶし》の番をさせるのは、あぶないということから。

使い方 弟にみんなの分のおやつをあずけて出かけるなんて**猫《ねこ》にかつお節《ぶし》**だ。

猫《ねこ》のひたい

慣用句

意味 とてもせまい場所。

解説 猫《ねこ》のひたいが、とてもせまいことから。

使い方 **猫《ねこ》のひたい**ほどの公園を見つけた。

猫《ねこ》の手も借《か》りたい

慣用句

意味 とてもいそがしくて、どんな手伝《てつだ》いでもほしい。

解説 猫《ねこ》でもいいから手伝《てつだ》ってほしいと思うほど、いそがしいということから。

使い方 もうすぐ年末《ねんまつ》。お母さんは**猫《ねこ》の手も借《か》りたい**くらいいそがしいと言っている。

魚のことわざ

えびでたいをつる

ことわざ

意味 少しのお金や努力《どりょく》で、大きな得《とく》をする。

解説 小さなえびを使って、大きくて価値《かち》の高いたいをつることから。

使い方 弟は少しお手伝《てつだ》いしただけなのに、ゲームを買ってもらった。**えびでたいをつった**な。

うなぎの寝床《ねどこ》

慣用句

意味 入り口がせまくて、おくまでが長い建物《たてもの》や場所。

解説 細長いうなぎが寝《ね》る場所のようだということから。

使い方 カウンターしかなくて、**うなぎの寝床《ねどこ》**のようなお店だ。

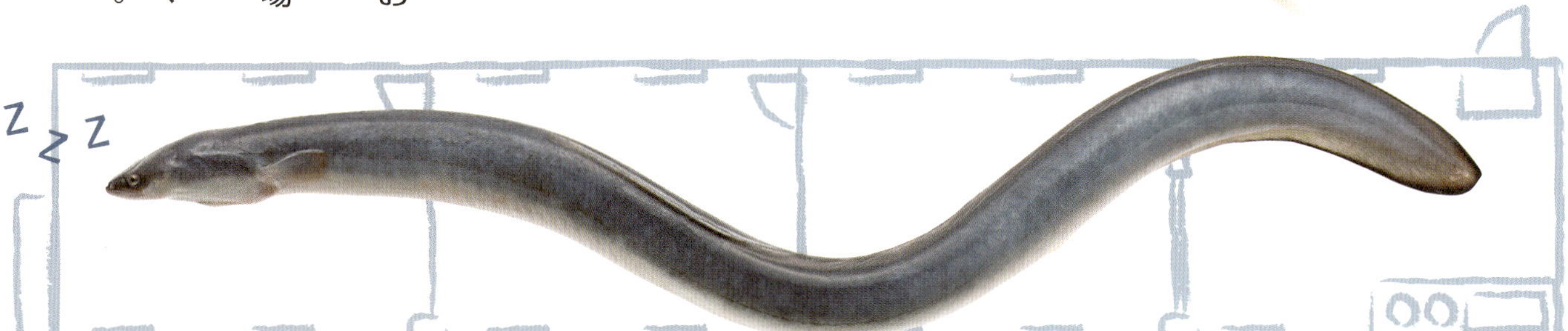

にがした魚は大きい

ことわざ

意味 手に入れそこなってしまったものは、とてもりっぱなものに思える。

解説 つれそうだったのに、にげられてしまった魚は、おしいという気持ちから実物より大きな魚に感じるということから。「つり落とした魚は大きい」ともいう。

使い方 売り切れで買えなかったくつを友達《ともだち》がはいていて、うらやましくなった。**にがした魚は大きい**。

スースー
グーグー

ホッ

雑《ざ》魚《こ》寝《ね》

慣用句

意味 何人もの人が、まとまりなく入りまじって寝《ね》る。

解説 「雑《ざ》魚《こ》」はいろいろな種《しゅ》類《るい》の小さな魚をまとめてあらわす言葉。雑《ざ》魚《こ》のように入りまじって寝《ね》ることから。

使い方 仲《なか》間《ま》たちとキャンプに行って、夜はみんなで**雑《ざ》魚《こ》寝《ね》**した。

もう、どうにでもして……。

まな板のこい

慣用句

意味 自分ではどうすることもできず、相手の考えの通りになるしかない。

解説 まな板の上で、料《りょう》理《り》をされるのをただ待つだけのこいのようすから。「俎《そ》上《じょう》の魚《うお》」ともいう。

使い方 お母さんにいたずらがばれた。もうあとは**まな板のこい**だ。

植物のことわざ

牡丹《ぼたん》

芍薬《しゃくやく》

百合《ゆり》

立てば芍薬《しゃくやく》すわれば牡丹《ぼたん》歩くすがたは百合《ゆり》の花

ことわざ

意味 とても美しい女の人のすがた。

解説 美しい女の人のすがたを美しい花にたとえた。

使い方 お父さんは妹が、**立てば芍薬《しゃくやく》すわれば牡丹《ぼたん》歩くすがたは百合《ゆり》の花**、と言われるように育ってほしいと願《ねが》っている。

風のふくままに……。

やなぎに風

ことわざ

意味 何ごとも、さからわずにおだやかに上手《じょうず》にかわす。

解説 やなぎの木の枝《えだ》が、風になびいているようすから。

使い方 お父さんにおこづかいをふやしてとお願《ねが》いしても、**やなぎに風**で、うまくいかない。

いもづる式

慣用句

意味 一つのことから、関《かん》係《けい》のあることが次つぎと出てきて明《あき》らかになる。

解説 さつまいものつるをたぐっていくと、次つぎにいもが出てくることから。

使い方 一つのうそがばれたら、**いもづる式**にほかのうそもばれてしまう。

実を結《むす》ぶ

慣用句

意味 努力《どりょく》していたことによい結果《けっか》が出る、成功《せいこう》する。

解説 「結《むす》ぶ」に結果《けっか》が出るという意味があり、植物に実がなるようすからのたとえ。

使い方 昨日《きのう》までのがんばりが**実を結《むす》ん**で、テストで満点《まんてん》をとった。

【反対の意味の言葉】水のあわ ⬇116ページ

うどの大木《たいぼく》

ことわざ

意味 体は大きくりっぱでも、力や才能《さいのう》がなくて何の役にも立たない人。

解説 うどは育つと二メートルほどになる草。大きくなってしまうと食べることもできず、やわらかくて木材にすることもできないため、使い道がないことから。

使い方 いつも家でごろごろ寝《ね》ているお兄ちゃんは、**うどの大木《たいぼく》**だとお母さんに言われている。

【反対の意味の言葉】さんしょうは小つぶでもぴりりとからい ⬇63ページ

食べ物のことわざ
～料《りょう》理《り》編《へん》～

あくが強い
慣用句

意味 とても独特《どくとく》でしつこく、親しめない性格《せいかく》や言葉、行動。

解説 「あく」は食べ物にふくまれている、苦《にが》みやしぶみ、いやなにおいのもとになるような必要《ひつよう》ない成分《せいぶん》のこと。それを人間にたとえている。

使い方 となりのおばさんは**あくが強い**ので、あまりつき合いたくない。

水をさす
慣用句

意味 仲《なか》のいい間がらや、せっかくうまくいっているものごとのじゃまをする。

解説 「さす」は加《くわ》えること。水を加《くわ》え、味をうすくしたり、ぬるくしたりすることから。

使い方 お兄ちゃんと話がもり上がっていたのに、お母さんに「静《しず》かにしなさい」と**水をさされた**。

いものにえたもごぞんじない
ことわざ

意味 世の中のことをよく知らない。世間《せけん》知らずだ。

解説 いもがにえたのか、にえていないのか、そんなこともわからないということから。相手をからかっていう言葉。

使い方 こんなに有名なニュースを知らないなんて、きみは**いものにえたもごぞんじない**ね。

ごまをする

慣用句

意味 自分が得《とく》をするために、ほかの人に気に入られようときげんをとる。

解説 ごまをすりばちですると、ごまがすりばちやすりこぎなど、あちこちにつく。そのようすを、人にくっついてきげんをとるようすにたとえた。

使い方 お父さんに**ごまをすって**も、おこづかいはもらえなかった。

すりばちは、内がわにこまかいきざみ目があるはち。「すりこぎ」というぼうをぐるぐると回して、中に入れたものをすりつぶすよ。

肉や魚などをにると、白や茶色のあわがういてくるよ。これが「あく」。これを取りのぞくと、料理《りょうり》がおいしくできるんだ。

いもを洗《あら》うよう

慣用句

意味 たくさんの人で、とてもこみ合っている。

解説 おけなどにたくさんの里いもを入れ、かきまぜて洗《あら》うようすから。「いもの子を洗《あら》うよう」ともいう。

使い方 今日は暑かったので、プールは**いもを洗《あら》うよう**だった。

食べ物のことわざ
～食卓編《しょくたくへん》～

昔はこんなおかまでご飯《はん》をたいていたよ。火の強さを調節《ちょうせつ》しながらたきあげる。中のようすを見たくても、たけるまでふたを開けちゃいけないんだって。ふっくら、おいしいご飯《はん》をたくのはむずかしかったんだ。

同じかまの飯《めし》を食う

慣用句

意味 寝《ね》たり起きたり、いっしょに生活をする、とても親しい仲《なか》。

解説 同じかまでたいたご飯《はん》をいっしょに食べるということから。「一つかまの飯《めし》を食う」ともいう。

使い方 お父さんは、**同じかまの飯《めし》を食った**大学の仲《なか》間《ま》と会ってきたと、うれしそうに言っている。

まだ食べられるところはないかな。
魚のあら汁《じる》

あらをさがす

慣用句

意味 人やものごとの悪いところをさがす。

解説 「あら」は魚の食べられるところをとったあとに残《のこ》った、頭やほね、えらなどの部分。それが、だめな部分や欠点《けってん》という意味に変《か》わり、それをわざわざさがすことから生まれた言い方という。

使い方 すぐに人の**あらをさがす**のは、やめよう。

ヒリヒリ

みそをつける

慣用句

意味 失敗《しっぱい》をして、はずかしい思いをしたり、ひょうばんを悪くしたりする。

解説 昔、やけどにみそをつけて冷《ひ》やす習慣《しゅうかん》があり、やけどは失敗《しっぱい》から起こることだったからという。また、料理《りょうり》中にうっかり食器《しょっき》にみそをつけてしまうような失《しっ》敗《ぱい》だから、という説《せつ》もある。

使い方 運動会では、かけっこで転んでしまい、**みそをつけた**。

重箱《じゅうばこ》のすみをようじでつつく

慣用句

意味 とても細かいことまで気にして、うるさく口を出す。

解説 「重箱《じゅうばこ》」は、おせち料理《りょうり》などの食べ物を入れる容器《ようき》。重箱《じゅうばこ》のすみに残《のこ》った食べ物までようじでつついて食べようとするようすから。「重箱《じゅうばこ》のすみをつつく」「重箱《じゅうばこ》のすみをようじでほじくる」ともいう。

使い方 お母さんは**重箱《じゅうばこ》のすみをようじでつつく**ように、勉強のしかたに口を出す。

まだ残《のこ》っている!

手のことわざ

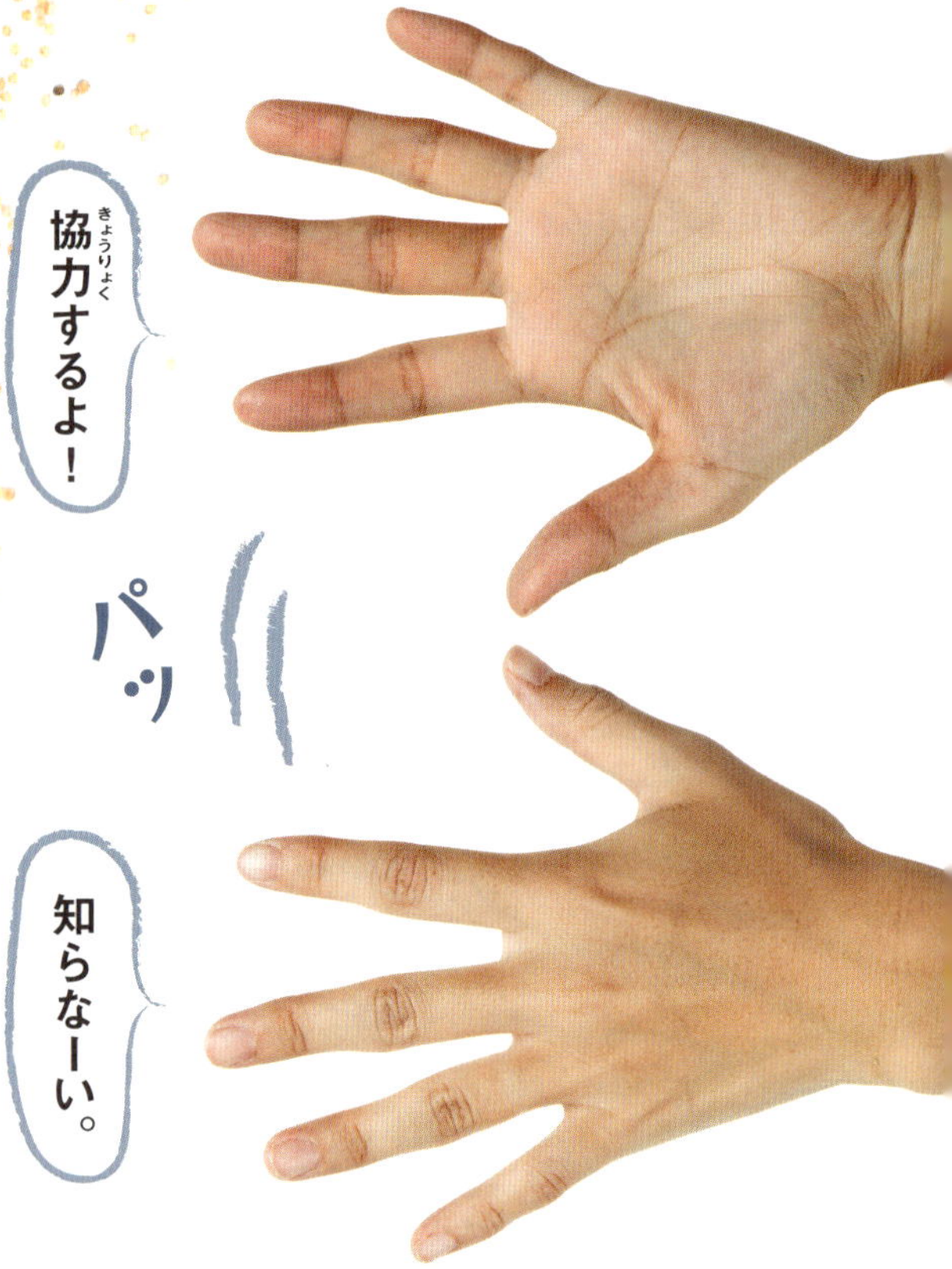

手の平《ひら》を返す

慣用句

意味 それまでと、急にがらりと態度《たいど》を変《か》える。

解説 それまで手の平《ひら》を見せていたのに、急にひっくり返して手の甲《こう》を見せるということから。「手のうらを返す」ともいう。

使い方 さっきまでわたしの味方だった弟が、**手の平を返した**ようにお父さんの味方になった。

手玉に取る

慣用句

意味 人を自分の思うように動かす。

解説 お手玉を投げて遊ぶように、自由にあやつるということから。

使い方 相手のチームに**手玉に取られ**、負けてしまった。

手を結《むす》ぶ

慣用句

意味 力を合わせようと約束《やくそく》する。仲直《なかなお》りをする。

解説 「結《むす》ぶ」には団結《だんけつ》する、いっしょになるなどの意味がある。

使い方 地球の環境《かんきょう》を守るため、世界の国ぐにが**手を結《むす》ぶ**。

【似た意味の言葉】手をにぎる

ぬれ手であわ

ことわざ

意味 苦労《くろう》しないで、大もうけをする。

解説 「あわ」は稲《いね》の仲間《なかま》の植物。あわの実をぬれた手でつかむと、手にたくさんついてくることから。「ぬれ手にあわ」ともいう。

使い方 お姉ちゃんもお兄ちゃんもおやつはいらないというので、全部ぼくがもらった。**ぬれ手であわ**だ。

【似た意味の言葉】一攫千金《いっかくせんきん》 ↓36ページ

両手に花

慣用句

意味 ❶価値《かち》のあるもの、美しいものを、二つ同時に手に入れる。❷男の人が二人の女の人にはさまれる。

解説 美しい花を両手に持つということから。

使い方 ❷おじいちゃんは、わたしとお姉ちゃんが遊びに行くと**両手に花**だと言って喜《よろこ》んでくれる。

着物のことわざ

ないそではふれない

ことわざ

意味 持っていないものは出せない。力になってあげたくても、それだけの力やお金がないのでどうしようもない。

解説 着物にそでがついていなければ、そではふれないということから。

使い方 私立《しりつ》の学校に行きたかったが、「**ないそではふれない**」から、公立《こうりつ》校にしなさい」と両親に言われた。

つじつまが合う

慣用句

意味 合うべきところがきちんと合って、話の前後、すじみちが通る。

解説 「つじ」は、たてと横のぬい目が十字に合うところ。「つま」は着物のすその左右《さゆう》が合うところ。どちらもきちんと合わさるところということから、「つじつま」で、ものごとの正しいすじみちという意味。

使い方 ちゃんと**つじつまが合う**ように説明《せつめい》しなさいと言われた。

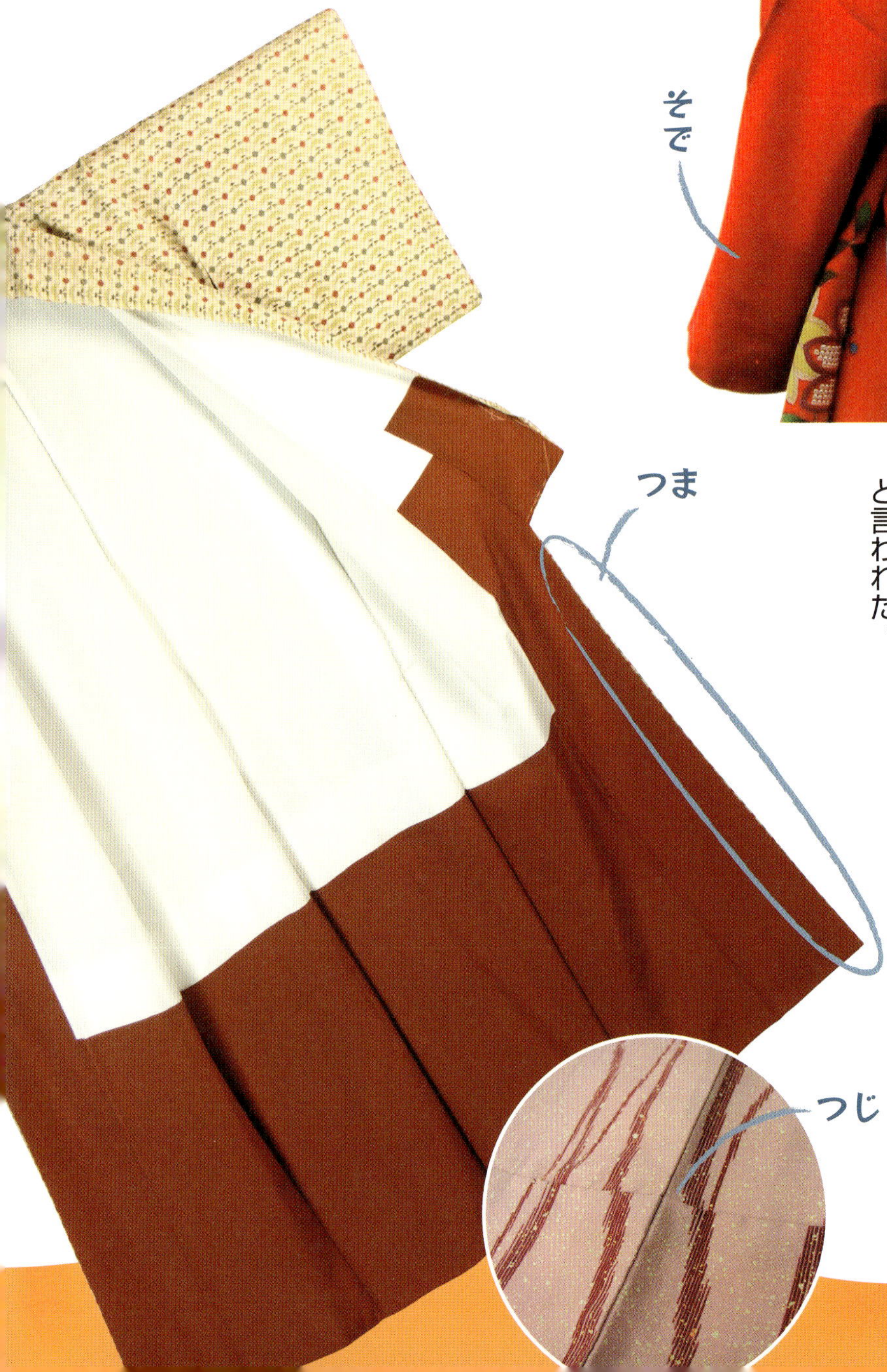

そでふり合うも他生《たしょう》の縁《えん》

ことわざ

意味 ちょっとしたできごとや、人との出会いも大切にしなければならない。

解説 「他生《たしょう》の縁《えん》」は「多生《たしょう》の縁《えん》」とも書き、生まれる前からの縁《えん》、関係《かんけい》という意味。道を歩いているときに、知らない人とそでがふれ合うような少しのできごとも、ぐうぜんではなく他生《たしょう》の縁《えん》があるからだということ。「そですり合うも他生《たしょう》の縁《えん》」ともいう。

使い方 **そでふり合うも他生《たしょう》の縁《えん》**というくらいだから、同じクラスのみんなとは仲良《なかよ》くしなくちゃ。

げたをはかせる

慣用句

意味 実際《じっさい》よりもものごとをよく見せたり、多く見せたりする。うそをついて、もののねだんを高く言う。

解説 げたは歯が高く、はくとせが高くなるため。

使い方 お兄ちゃんは友達《ともだち》に身長を言うときに、いつも**げたをはかせて**いるんだって。

げたをあずける

慣用句

意味 ものごとの解決方法《かいけつほうほう》や決定などのすべてを、相手にまかせてやってもらう。

解説 げたをあずけると、自分は外を歩くことができなくなり、じっとしているほかないため。

使い方 話し合いの結果《けっか》、遠足のグループの分け方は、先生に**げたをあずける**ことになった。

相撲《すもう》のことわざ

肩《かた》すかしを食う 慣用句

意味 とてもやる気でいたのに、相手にいきおいをそらされてしまう。

解説 出てくる相手を手前に引いてたおす相撲《すもう》のわざ「肩《かた》すかし」から。「肩《かた》すかしを食らった」ともいう。

使い方 がんばって勉強したのに、テストが明日にのびてしまったので、**肩《かた》すかしを食った**感じだ。

仕切り直し 慣用句

意味 話し合いや取り組み、試《し》合《あい》、勝負などをやり直すこと。

解説 相撲《すもう》の立ち合いのときに、両方の力《りき》士《し》の息が合わなくて、もう一度仕切り（立ち合いの身がまえ）をやり直すことから。

使い方 雨が強くなってきたので、今日の試《し》合《あい》はあらためて**仕切り直す**ことになった。

あげ足を取る

慣用句

意味 相手の言葉や言いまちがいなどを、からかったりせめたりする。

解説 相手がわざをかけようとしてあげた足を取り、相手をたおすわざから。

使い方 **あげ足を取って**ばかりいないで人の話をちゃんと聞きなさい、と注意された。

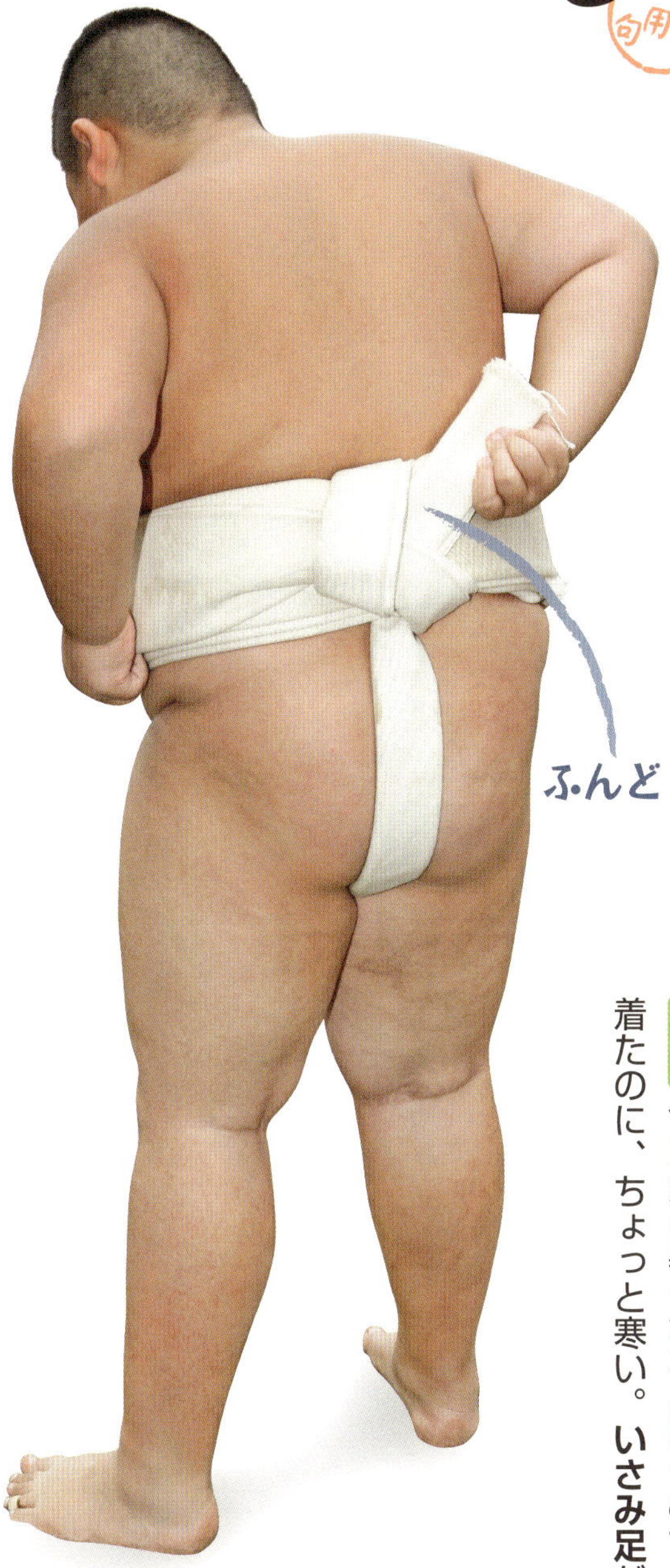

人のふんどしで相撲《すもう》を取る

ことわざ

意味 自分のものは使わずに、人のものを自分のためになるように利用《りよう》する。

解説 ほかの人のふんどしを借《か》りて相撲《すもう》を取るということから。

使い方 友達《ともだち》のノートを借《か》りてテスト勉強をするなんて、**人のふんどしで相撲《すもう》を取る**ようなことは、やめたほうがいい。

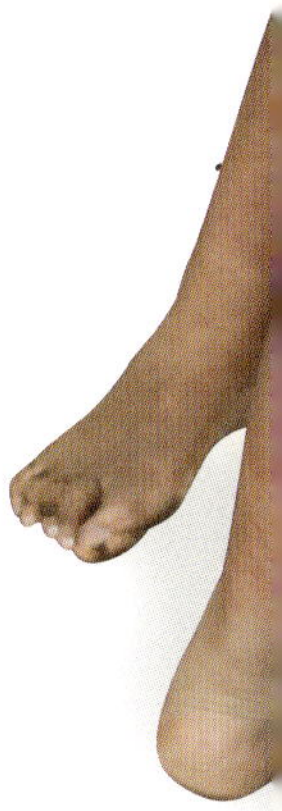

いさみ足

慣用句

意味 いきおいにのってやりすぎ、失敗《しっぱい》する。

解説 相撲《すもう》で、相手を土俵《どひょう》ぎわまで追いつめたのに、いきおいがつきすぎて先に自分の足が外に出てしまって負けることから。

使い方 今日から暑くなるというので半そでを着たのに、ちょっと寒い。**いさみ足**だった。

戦《いくさ》の道具のことわざ

刀は一本一本反《そ》り方がちがうから、ほかの刀のさやではおさまらないよ。

反《そ》りが合わない　慣用句

意味 性格《せいかく》や考え方が合わない。

解説 「反《そ》り」は曲がり方のこと。刀の曲がり方と刀をおさめるさやの曲がり方とが合わないと、刀がさやに入らないことから。

使い方 仲良《なかよ》くしようと思うけど、どうしてもあの子とは**反《そ》りが合わない**。

勝ってかぶとの緒《お》をしめよ　ことわざ

意味 勝負に勝ったり、ものごとがうまくいったりしても、気をゆるめてはいけない。

解説 「緒《お》」は、かぶとを頭に固定《こてい》するためにあごの下で結《むす》ぶひも。戦《たたか》いに勝っても、かぶとをぬいだりせずに、緒《お》をもう一度しめ直して用心するようにということ。

使い方 **勝ってかぶとの緒《お》をしめよ**。優勝《ゆうしょう》をめざして、次の試合《しあい》もがんばろう。

しのぎをけずる　慣用句

意味 はげしく争《あらそ》う。

解説 「しのぎ」は刀の刃《やいば》と峰《みね》(背《せ》)の間の少しもり上がった部分。そのしのぎがけずれるくらいに、はげしく刀と刀をぶつけ合う戦《たたか》いのようすから。

使い方 **しのぎをけずる**戦《たたか》いを勝ちぬいてきて、明日はいよいよ決勝戦《けっしょうせん》だ。

切羽《せっぱ》つまる

慣用句

意味 ものごとがすぐそこにせまってきて、追いつめられる。どうにもならなくなる。

解説 「切羽《せっぱ》」は刀のつばを止めるために、つばの両側《りょうがわ》につける金具。切羽《せっぱ》がさやにつまると、さやから刀がぬけなくなることからといわれている。

使い方 いたずらが見つかり、**切羽《せっぱ》つまって**うそをついてしまった。

口《く》火《び》を切る

慣用句

意味 ものごとを最初《さいしょ》に始めて、きっかけをつくる。

解説 「口火《くちび》」は火なわじゅうの火なわの先の火。じゅうをうつために、まず火なわの先に火をつけ、戦《たたか》いを始めることから。

使い方 話し合いの**口火《くちび》を切って**意見を言う。

囲《い》碁《ご》・将《しょう》棋《ぎ》のことわざ

将《しょう》棋《ぎ》だおし　慣用句

意味　次つぎと順番《じゅんばん》にかさなってたおれていく。また、はしからくずれ始め、全体にまで広がる。

解説　将棋《しょうぎ》のこまを、少しずつ間をあけて一列にならべ、はしのこまをたおすと、次つぎにこまがたおれていくことから。

使い方　**将棋《しょうぎ》だおし**になったらたいへんだから、前の人をおしてはいけない。

高《たか》飛《び》車《しゃ》　慣用句

意味　相手の言うことも聞かず、えらそうにおさえつけるようなようす。

解説　将棋《しょうぎ》で、飛車《ひしゃ》を自分のこまの前の方に高く進め、相手を力でおさえつけようとする戦《たたか》い方を「高飛車《たかびしゃ》」ということから。

使い方　あの子はいつも**高飛車《たかびしゃ》**な話し方で、あまり好《す》きになれない。

王手をかける　慣用句

意味　成功《せいこう》や勝利《しょうり》が目の前にある。

解説　「王手」は、将棋《しょうぎ》で相手の王将《おうしょう》を直接《ちょくせつ》せめる手。王将《おうしょう》を取れば勝ちとなるため。

使い方　一点を追加《ついか》して、優勝《ゆうしょう》に**王手をかけた**。

一目置《いちもくお》く

慣用句

意味 その人が自分より能力《のうりょく》のすぐれていることをみとめ、そんけいして一歩ゆずる。

解説 囲碁《いご》で、弱い方が一つ石を置《お》いてから勝負を始めることから。

使い方 キャプテンには、みんなが**一目置《いちもくお》いて**いる。

傍目八目《おかめはちもく》

四字熟語

意味 ものごとは、関係《かんけい》のない人の方が落ち着いて、正しく考えることができる。

解説 「傍目《おかめ》」はわきから見ること。囲碁《いご》をわきから見ていると、実際《じっさい》に打っている人より八目《はちもく》も先までわかるということから。「岡目八目《おかめはちもく》」とも書く。

使い方 **傍目八目《おかめはちもく》**で、となりのクラスのことはよくわかる。

阿《あ》吽《うん》の呼《こ》吸《きゅう》

ことわざ

あ

うん

意味 二人以上《いじょう》で何かをするときに、おたがいの気持ちや調子、タイミングがぴったり合う。

解説 「阿《あ》」ははく息、「吽《うん》」はすう息をあらわす。

使い方 チームプレーには**阿《あ》吽《うん》の呼《こ》吸《きゅう》**が必要《ひつよう》だ。

神社やお寺の入り口にある狛犬《こまいぬ》や仁王像《におうぞう》の口は、左右《さゆう》で「阿《あ》」「吽《うん》」の形をしている。「阿吽《あうん》の呼吸《こきゅう》」で、神社やお寺を守っているんだね！

まめ知識

「阿吽《あうん》」は始まりと終わりをあらわす言葉

インドの古い言葉「梵語《ぼんご》」(サンスクリット語)で、「阿《あ》」は口を開いて出す最初《さいしょ》の音、「吽《うん》」は口を閉《と》じて出す最後《さいご》の音。ものごとの始まりと終わりをあらわしている。日本語の五十音の「あ」と「ん」にあたる音だね。

開いた口がふさがらない

ことわざ

意味 あきれて何も言えなくなってしまう。

解説 口を開けておどろいているようすから。「開いた口がふさがらぬ」ともいう。

使い方 妹のわがままぶりには、**開いた口がふさがらない**。

相づちを打つ

慣用句

意味 話を聞きながら、うなずいたり、「うんうん」「なるほど」と同意したりして、相手の話に調子を合わせる。

解説 かじ屋が刀をつくるときに、二人で交互《こうご》に「つち」を打ち合う動きから。「つち」は、金づちや木づちなど、ハンマーの形をした道具。

使い方 お姉ちゃんは、お母さんの話にとてもうまく**相づちを打つ**。

相づちは、師匠《ししょう》と弟子《でし》が息を合わせて行う。タイミングが悪いと焼《や》いた鉄が冷《さ》めてしまうから、「トンテンカン」とリズムよく打つことが大切。「トンチンカン」は、相づちがうまく打てない音から生まれた言葉だよ。

青菜《あおな》に塩《しお》

ことわざ

意味　元気をなくし、しょんぼりしたようす。

解説　青菜《あおな》に塩《しお》をかけると、水分が外に出てしおれてしまうことから。青菜《あおな》とは、ほうれん草や小《こ》松菜《まつな》など、緑色のこい葉菜類《ようさいるい》のこと。

使い方　お父さんにしかられて、**青菜《あおな》に塩《しお》**の弟。

【似た意味の言葉】なめくじに塩《しお》

小松菜《こまつな》に塩《しお》をかけてしばらくおいたら、こんなにしおれてしまったよ！
しんなり
シャキシャキ

青は藍《あい》より出《い》でて藍《あい》よりも青し

故事成語

意味　教え子が、先生よりもりっぱになる。

解説　藍《あい》の葉で染《そ》めた布《ぬの》は、もとの藍《あい》よりきれいな青になることから。「出藍《しゅつらん》のほまれ」ともいう。

使い方　先生より有名な画家になるなんて、**青は藍《あい》より出《い》でて藍《あい》よりも青し**だ。

藍《あい》の葉

藍《あい》の葉で染《そ》めた布《ぬの》

秋の日はつるべ落とし

ことわざ

意味　秋は太陽がしずみ始めるとあっという間にしずみ、すぐに暗くなってしまう。

解説　秋の太陽がしずむようすを、手をはなすといきおいよくまっすぐに井戸《いど》の中に落ちる「つるべ」にたとえた。

使い方　**秋の日はつるべ落とし**、そろそろ家に帰らなくちゃ。

井戸《いど》の水をくみ上げるためのおけが「つるべ」。

悪事千里《あくじせんり》を走る

故事成語

意味　悪い行いやひょうばんは、すぐに世の中に広まってしまう。

解説　「里《り》」は昔の長さの単位《たんい》で、千里《せんり》はとても遠いきょりのこと。「悪事千里《あくじせんり》を行く」ともいう。

使い方　**悪事千里《あくじせんり》を走る**だから、悪いことはできない。

【反対の意味の言葉】好事《こうじ》門を出《い》でず

悪銭《あくせん》身につかず

ことわざ

意味　悪いことをして手にしたお金は、大切に思わずにむだ使いをして、すぐになくなるものだ。

解説　「悪銭《あくせん》」は、人からぬすんだりだましたりして手に入れたお金。

使い方　**悪銭《あくせん》身につかず**で、どろぼうは、ぬすんだお金をあっという間に使い果《は》たした。

挙《あ》句《げく》の果《は》て

慣用句

意味 いろいろなことがあったあとの、最終的《さいしゅうてき》な結果《けっか》。結局《けっきょく》のところ。

解説 「挙句《あげく》」は連歌《れんが》や連句《れんく》(何人かで句《く》をつなげて、一つの俳諧《はいかい》をつくること)の最後《さいご》の七・七の句《く》。ものごとの結果《けっか》を意味する。「揚句《あげく》の果《は》て」とも書く。

使い方 道にまよって、**挙句《あげく》の果《は》て**にちこくした。

【似た意味の言葉】とどのつまり ↓89ページ

足が地に着かない

慣用句

意味 ❶興奮《こうふん》していて、落ち着かない。❷考えや行いの基本《きほん》がしっかりしていない。

解説 足がしっかりと地面に着かない、不安定なようすから。「地に足が着かない」ともいう。

使い方 ❶明日はいよいよ遠足。楽しみで**足が地に着かない**。

【反対の意味の言葉】足が地に着く

足手まとい

慣用句

意味 自由に動くことや、何かをするときに、そばにいてじゃまになるもの。

解説 足や手にまとわりつかれると動きづらいことから。

使い方 みんなの**足手まとい**にならないように、がんばろう。

足下《あしもと》から鳥が立つ

ことわざ

意味 ❶自分の近くで、急に思いもしないことが起こる。❷急に思いついて何かを始める。

解説 足下《あしもと》にいた鳥が急に飛び立つようすから。

使い方 ❶**足下《あしもと》から鳥が立つ**ように、友達《ともだち》が転校した。

【似た意味の言葉】青天《せいてん》のへきれき ↓71ページ、寝耳《ねみみ》に水 ↓98ページ、やぶからぼう ↓123ページ

足を洗《あら》う

慣用句

意味 悪いことやよくない仕事をやめ、ぬけ出す。まじめになる。

解説 もともとは仏教《ぶっきょう》からきた言葉。昔のインドでは、一日の修行《しゅぎょう》を終えた僧《そう》が、足のよごれを洗《あら》い清《きよ》めてから寺に入っていたことから。

使い方 わすれ物ばかりの生活からは**足を洗《あら》う**ぞ。

【似た意味の言葉】手を切る

あ

頭かくしてしりかくさず
ことわざ

意味 悪いことなどを一部分だけかくして、自分では完全《かんぜん》にかくしたつもりでいる。

解説 きじがかくれるとき、草むらに頭だけかくして、しっぽが見えていることから。

使い方 **頭かくしてしりかくさず**。弟がかくしごとをしてもすぐわかる。

【似た意味の言葉】きじの草がくれ

頭の上のはえを追え
ことわざ

意味 人のおせっかいをやく前に、まず自分がしなければいけないことをするべきだ。

解説 自分の頭の上にいるはえも追いはらわないうちに、でしゃばって、ほかの人の世話をする必要《ひつよう》はないということから。

使い方 妹の宿題を心配するより、自分の**頭の上のはえを追え**と言われた。

頭をかかえる
慣用句

意味 どうすればいいかわからずに、こまり果《は》てる。よい考えがうかばず、考えこむ。

解説 あれこれなやみこまったときに、頭を手でかかえるようなしぐさをよくすることから。

使い方 テスト中に算数の公式を思い出せなくて、**頭をかかえて**しまった。

頭をひねる
慣用句

意味 むずかしい問題を考える。よい方法《ほうほう》がないか考え、工夫《くふう》する。

解説 「ひねる」という言葉には、深く考えをめぐらせるという意味がある。

使い方 友達《ともだち》のなやみを解決《かいけつ》しようと**頭をひねる**。

【似た意味の言葉】ちえをしぼる

頭をもたげる
慣用句

意味 ❶考えが思いうかぶ。わき起こる。❷今まで目立たなかった力や才能《さいのう》がだんだんと目立ってくる。

解説 「もたげる」は持ち上げる、目立つようになるという意味の言葉。

使い方 ❶ちゃんと発表できるか、心配が**頭をもたげてきた**。

暑さ寒さも彼岸《ひがん》まで

ことわざ

意味 暑さも寒さも、彼岸《ひがん》のころにはやわらいですごしやすい気候《きこう》になる。

解説 春と秋にある彼岸《ひがん》が、ちょうど暑さや寒さの境《さかい》になるとされていることから。

使い方 **暑さ寒さも彼岸《ひがん》まで**、もう少しがまんすれば、すずしくなるね。

あつものにこりてなますをふく

故事成語

意味 一度した失敗《しっぱい》にこりて、そのあと必要以上《ひつようじょう》に用心してしまう。

解説 熱《あつ》い吸《す》い物にこりて、冷《つめ》たいものまで冷《さ》まして食べようとすることから。

使い方 はちにさされてから、**あつものにこりてなますをふく**で、小さな虫にもさわれなくなった。

【似た意味の言葉】へびにかまれて朽《く》ちなわに怖《お》じる

あつもの

野菜《やさい》や肉、魚を入れた熱《あつ》い吸《す》い物。

なます

細かく切った魚貝《ぎょかい》や野菜《やさい》を、酢《す》などであえた料理《りょうり》。

まめ知識

彼岸《ひがん》っていつのこと?

昼と夜の長さが同じになる三月の「春分《しゅんぶん》の日」と九月の「秋分《しゅうぶん》の日」を真ん中にした七日間が、それぞれ春と秋の彼岸《ひがん》。仏教《ぶっきょう》で、お墓参《はかまい》りをして祖先《そせん》を供養《くよう》する期間とされているよ。

秋の彼岸《ひがん》のころにさく彼岸花《ひがんばな》。

あぶない橋をわたる

ことわざ

意味 目的《もくてき》を達成《たっせい》するために、あぶないことをする。

解説 今にもこわれそうな橋をわたるくらいの危険《きけん》を覚悟《かくご》する、というたとえ。

使い方 いくらさそわれても**あぶない橋はわたりたくない**。

【反対の意味の言葉】石橋をたたいてわたる ⬇34ページ

静岡《しずおか》県にある、日本一こわい橋と言われている、「夢想《むそう》つり橋」。長さ一七〇メートルで、川底《かわぞこ》からの高さが一〇〇メートルもあるんだって。

あとの祭り

慣用句

意味 時期がすぎてしまってからでは、手おくれでどうにもならない。

解説 祭りがすんだあとでは、山車《だし》が役に立たないことから。

使い方 昨日《きのう》のうちに準備《じゅんび》しておけばよかったと思っても、**あとの祭り**だ。

山車《だし》

あぶはちとらず
ことわざ

意味　よくばって、二つのものを同時に得《え》ようとしても、どちらもにがしてしまう。

解説　巣《す》にかかったあぶとはちを両方とろうとしたくもが、結局《けっきょく》どちらにもにげられてしまったという話から。

使い方　あまりよくばると**あぶはちとらず**になってしまうよ。

【似た意味の言葉】二兎《にと》を追う者は一兎《いっと》をも得《え》ず ⬇95ページ

油を売る
慣用句

意味　仕事のとちゅうにむだな話をしたり、なまけたりする。

解説　昔、かみの毛につける油を売る人が、客の女の人を相手に長話をしながら商売をしていたことから。

使い方　**油を売って**ばかりで、ちっとも仕事が進まない。

雨だれ石をうがつ
故事成語

意味　ほんのわずかなことでも、続《つづ》けていればいつかは成功《せいこう》につながる。

解説　雨だれが同じ場所に落ち続《つづ》け、長い時間をかけて下にある石に穴《あな》をあけることから。

使い方　**雨だれ石をうがつ**、レギュラーめざして毎日キャッチボールをするぞ。

【似た意味の言葉】ちりも積《つ》もれば山となる ⬇81ページ

長い時間をかけ、雨だれが石につくった穴《あな》。

雨ふって地固《じかた》まる
ことわざ

意味　もめごとがあったあとに、その前よりもよい状態《じょうたい》になる。

解説　雨がふったあとは、地面がしっかり固《かた》まるということから。

使い方　男子と女子でけんかになったけど、今では仲良《なかよ》し、**雨ふって地固《じかた》まる**だね。

まめ知識

九年間も石の上に
仏教《ぶっきょう》の宗派《しゅうは》の一つ、禅宗《ぜんしゅう》を開いた「達磨大師《だるまだいし》」というお坊《ぼう》さんは、寺のかべにむかい九年間も石の上に座禅《ざぜん》を組んで、悟《さと》りを開いたといわれているよ。

石の上にも三年

わざこと

意味 たとえつらく苦《くる》しくても、がまんして努力《どりょく》を続《つづ》けていれば、いつか必《かなら》ず成功《せいこう》する。

解説 冷《つめ》たい石の上でも、三年すわり続《つづ》けていれば、あたたまってくるということから。

使い方 あきらめるのはまだ早い。**石の上にも三年**だ。

【似た意味の言葉】しんぼうする木に金がなる

異口同音《いくどうおん》

四字熟語

意味 たくさんの人がみんな口をそろえて同じことを言う。みんなの意見が同じになる。

解説 「異口《いく》」はちがう口、いろいろな人の口の意味。ちがう口が同じ言葉を発するということから。

使い方 クラスのみんなが、その意見に**異口同音《いくどうおん》**にさんせいした。

【似た意味の言葉】口《くち》をそろえる ⬇55ページ

石橋をたたいてわたる

わざこと

意味 とても用心深くものごとを行う。

解説 がんじょうにできている石の橋を、わざわざたたいてみて安全をたしかめてわたることから。

使い方 **石橋をたたいてわたる**ように計画を進めよう。

【似た意味の言葉】念《ねん》には念《ねん》を入れよ ⬇99ページ

【反対の意味の言葉】あぶない橋をわたる ⬇32ページ

石橋は、弓の形に石を組むアーチ型《がた》のものが多く、ヨーロッパでは紀元前《きげんぜん》からつくられているよ。日本では九州にたくさんあるんだって。

い

急がば回れ
ことわざ

意味 急いでいるときこそ、時間がかかっても安全で確実《かくじつ》な方法《ほうほう》をとったほうがいい。

解説 危険《きけん》な近道より、遠回りでも安全な道を通ったほうが、結局《けっきょく》は早く目的地《もくてきち》に着けるということから。

使い方 **急がば回れ**、あせらないで落ち着いて行こう。

【似た意味の言葉】急いてはことをしそんじる
（急《せ》いて）

板につく
慣用句

意味 ものごとや服装《ふくそう》になれて、そのことをしているすがたや、その服装《ふくそう》がにあうようになる。

解説 「板」は、板をはった舞台《ぶたい》。役者が経験《けいけん》をつんで舞台《ぶたい》にしっくりとなじむようになることから。

使い方 野球のチームに入って、キャッチボールも**板についてきた**。

板がはってある歌舞伎《かぶき》の舞台《ぶたい》

一《いち》期《ご》一《いち》会《え》
四字熟語

意味 一生のうちに一度しかない機会《きかい》や出会い。

解説 「一期《いちご》」は一生という意味。お茶会は毎回ただ一回かぎりのものと思って、心をこめて行いなさいという茶道《さどう》の心得《こころえ》からできた言葉。

使い方 いい友達《ともだち》をたくさんつくるために、人との出会いは**一期一会**《いちごいちえ》だと思って大切にしよう。

一年の計《けい》は元《がん》旦《たん》にあり
ことわざ

意味 ものごとは、はじめにきちんと計画を立てることが大切だ。

解説 もとは「一日の計《けい》は朝にあり、一年の計《けい》は元《がん》旦《たん》にあり」という言葉。その日の計画は早朝《そうちょう》に、その年の計画は元旦《がんたん》に立てるべきだという意味。

使い方 **一年の計《けい》は元旦《がんたん》にあり**、元日《がんじつ》は早起きして今年の目標《もくひょう》を立てよう。

一《いち》網《もう》打《だ》尽《じん》
故事成語

意味 悪い人などのグループを一度に全員つかまえる。

解説 一度投げた網《あみ》で、そのへんにいる魚を全部まとめてつかまえることから。

使い方 主人公《しゅじんこう》が大かつやくして、犯人《はんにん》たちを**一《いち》網《もう》打《だ》尽《じん》**にした。

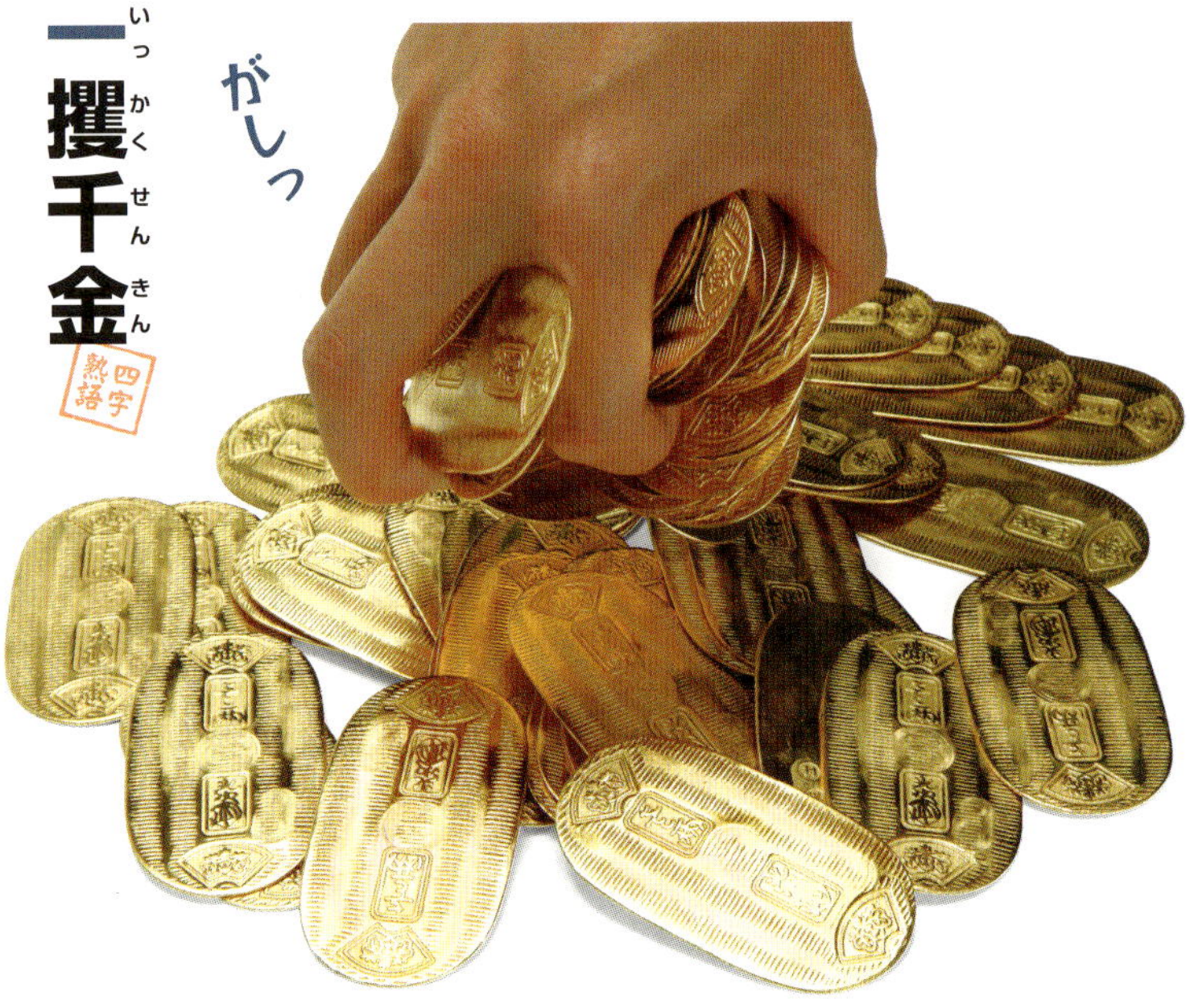

一攫千金《いっかくせんきん》

四字熟語

意味 一度にかんたんに、大金を手に入れる。

解説 「一攫《いっかく》」は一つかみ、「千金《せんきん》」はたくさんのお金という意味。

使い方 一攫千金《いっかくせんきん》をゆめ見て、宝《たから》くじを買う。

【似た意味の言葉】ぬれ手であわ ↓19ページ

一寸先《いっすんさき》はやみ

ことわざ

意味 ほんの少し先には何があるかわからない、未来《みらい》は予測《よそく》できない。

解説 「寸《すん》」は昔の長さの単位《たんい》。「一寸《いっすん》」は約《やく》三センチで、短いきょりをたとえた言葉。ちょっと先は暗やみで何も見えないということから。

使い方 とちゅうまでは一位《いちい》だったのに転んでびりになるなんて、**一寸先《いっすんさき》はやみ**だ。

一寸《いっすん》の虫にも五分《ごぶ》のたましい

ことわざ

意味 体が小さかったり、力が弱いものでも、それなりの考えや意地があるので、ばかにしてはいけない。

解説 「寸《すん》」も「分《ぶ》」も、昔の長さの単位《たんい》。「一寸《いっすん》」は約《やく》三センチで、「五分《ごぶ》」はその半分。とても小さいことをあらわしている。

使い方 相手は強いけど**一寸《いっすん》の虫にも五分《ごぶ》のたましい**というところを見せて、がんばろう。

【似た意味の言葉】やせうでにもほね

一寸《いっすん》くらいの虫には、小型《こがた》のクワガタ、コオロギやバッタ、カミキリムシなどがいるよ。

一石《いっせき》を投《とう》じる

慣用句

意味 発言や行動で、周囲《しゅうい》の人びとの反響《はんきょう》をよぶ。問題を考えるきっかけをつくる。

解説 水に石を投げると、はもん（いくつもの輪《わ》になって広がっていく波）ができることから。

使い方 その意見は、クラスに**一石《いっせき》を投《とう》じた**。

石を投げると、水面にはもんが広がったよ！

い

犬の遠ぼえ

慣用句

意味 おくびょうな人や弱い人が、かげでいばったり、人の悪口を言ったりする。

解説 犬は、自分より強そうな相手には遠くからほえるしかできないことから。

使い方 面と向かって相手に言わないで、かげで文《もん》句《く》を言っていても、**犬の遠ぼえ**だよ。

犬も歩けばぼうに当たる

ことわざ

意味 ❶何かをしようとすると、思いがけない悪いことにも出会う。❷じっとしているより、何かしてみれば思わぬ幸運にもめぐりあう。

解説 もともと、犬がうろうろしていると、ぼうでたたかれるのでじっとしていたほうがいいという意味のことわざだったのが、ぼうが幸運なものと考えられるようになって❷の意味ができた。

使い方 ❷**犬も歩けばぼうに当たる**、家にばかりいないで外に出かけよう。

いいもの？
悪いもの？

井《い》の中のかわず 大《たい》海《かい》を知らず

ことわざ

意味 自分のまわりのせまい世界しか知らず、小さい考えや知《ち》識《しき》で得《とく》意《い》になっている。

解説 「井《い》」は井《い》戸《ど》、「かわず」はかえる。井《い》戸《ど》の中にいるかえるは、大きな海があることを知らないから。「井《い》の中のかわず」、「井《せい》蛙《あ》」ともいう。

使い方 かけっこがクラスでいちばんだからっていばっていると、**井《い》の中のかわず大《たい》海《かい》を知らず**って言われるよ。

【似た意味の言葉】はりの穴《あな》から天をのぞく ⬇106ページ、よしのずいから天《てん》井《じょう》をのぞく ⬇125ページ

オレがいちばんだ！

意《い》味《み》深《しん》長《ちょう》

四字熟語

意味 言葉や文、態《たい》度《ど》に深い意味がある。表面に見える意味のほかに別《べつ》の意味がかくされている。

解説 「深長」は奥《おく》深《ぶか》くて、こめられている内《ない》容《よう》が多いという意味。「意《い》味《み》深《しん》長《ちょう》」を「意《い》味《み》深《しん》」とちぢめて使うこともある。

使い方 **意《い》味《み》深《しん》長《ちょう》**な言い方をされ、とても気になる。

いわしの頭も信《しん》心《じん》から

ことわざ

意味 どんなにつまらないものでも、信《しん》じる人にとってはとても大事なものになる。

解説 節《せつ》分《ぶん》の夜、いわしの頭をひいらぎの枝《えだ》にさして門にかざっておくと、鬼《おに》を追いはらう効《こう》果《か》があると信じられていたことから。

使い方 弟はヒーローのT《ティー》シャツを着ると強気になる。**いわしの頭も信《しん》心《じん》から**だ。

ニョキ
ニョキ
ニョキ

雨後《うご》のたけのこ

慣用句

意味 同じようなものごとが次つぎとあらわれたり、起こったりする。

解説 雨がふったあとには、たけのこが次から次へと生えてくることから。

使い方 たおしてもたおしても、**雨後《うご》のたけのこ**のように敵《てき》があらわれる。

まめ知識

一日に一メートル以上《いじょう》のびることも

春先になると、竹やぶにたけのこが生えてくる。雨がふると生長《せいちょう》しやすく、いっせいに土から頭を出すことも多いよ。たけのこは大きくなるのがとても早くて、一日に一メートル以上《いじょう》のびることもあるんだって。

魚心《うおごころ》あれば水心《みずごころ》

ことわざ

意味 こちらが相手を好《この》ましく思えば、相手もこちらを好《この》ましく思ってくれる。

解説 魚に水と親しみたいと思う心があれば、水もその心を理解《りかい》する心をもつだろうということから。

使い方 **魚心《うおごころ》あれば水心《みずごころ》**、まずこちらから話しかけてみよう。

烏合《うごう》の衆《しゅう》

故事成語

意味 ばらばらで、まとまりのない人たちの集まり。

解説 「烏《う》」はからす。からすのむれには決まりもなく、ばらばらでうるさいだけであることから。

使い方 **烏合《うごう》の衆《しゅう》**では、とても試合《しあい》に勝てないよ。

カァー
カァー
カァー
自分のやりたいようにするよ～。

うだつが上がらない 慣用句

意味 えらくなれない。生活がよくならない。

解説 「うだつ」は家のいちばん上の柱《はしら》を支《ささ》える小さな柱《はしら》。屋根をつくり始めることを「うだつが上がる」といったことから。また、一階と二階の屋根の間の出っぱったかべも「うだつ」といい、お金持ちの家しかつけられなかったから。

使い方 がんばってはいるけれど、なかなか**うだつが上がらない**。

屋根の間の白いかべが「うだつ」。火事が広がらないようにつくられたものが、だんだんかざりとしてりっぱなものになった。

内弁慶《うちべんけい》の外地蔵《そとじぞう》 慣用句

意味 家の中ではとてもいばっているのに、外に出るとおとなしい人。

解説 家では弁慶《べんけい》(↓112ページ)のように強いのに、外ではまるでお地蔵《じぞう》さんのように何もしゃべらずおとなしいというたとえから。短く「内弁慶《うちべんけい》」だけで使うことが多い。

使い方 妹は**内弁慶《うちべんけい》の外地蔵《そとじぞう》**で、家と外では別人《べつじん》だ。

うなぎのぼり 慣用句

意味 人気や気温、ねだんなど、ものごとが急にどんどん上がっていく。

解説 うなぎが川をまっすぐ上流《じょうりゅう》にのぼっていくようす、また、手でつかまえようとすると上へ上へとにげるようすから。

使い方 この歌の人気は**うなぎのぼり**に上がっている。

うのまねをするからす ことわざ

意味 自分の力も考えず、才能《さいのう》のある人のまねをしてもうまくいかない。

解説 泳ぐことのできないからすが、すがたが似《に》ているうのまねをして、水に入って魚をとろうとしても、おぼれてしまうということから。

使い方 いきなりそんなむずかしいことをやろうとするなんて、**うのまねをするからす**だよ。

まめ知識

うってどんな鳥?

うは泳ぐのが上手《じょうず》な鳥で、水に長くもぐることができる。くちばしの先が曲がっていて魚をつかまえやすくなっているよ。色の黒いところが、からすと似《に》ているね。

うのみにする

慣用句

意味 ❶食べものをかまずにのみこむ。❷人の話や意見を、よく考えもせず言われた通りに信《しん》じてしまう。

解説 鳥のうが魚を食べるとき、かまずにそのままのみこむことから。

使い方 ❷この学校にはおばけが出るなんて、うわさ話を**うのみにして**はだめ。

うの目たかの目

ことわざ

意味 注意深く、熱心《ねっしん》にものをさがし出そうとするようすや目つき。

解説 鳥のうやたかが、えものをさがすときのとてもするどい目のようすから。

使い方 **うの目たかの目**でさがしたけれど、気に入るものは見つからなかった。

うの目

たかの目

馬に上手《じょうず》に乗るには、馬と息を合わせて一体にならなくてはいけない。

馬が合う

慣用句

意味 とても気が合う。

解説 馬に乗る人と馬の息が、ぴったりと合うことから。

使い方 **馬が合う**友達《ともだち》といっしょに遊ぶのは楽しい。

【似た意味の言葉】意気投合《いきとうごう》

馬の耳に念仏《ねんぶつ》

ことわざ

意味 人の意見を聞かず、いくら言ってもまったく効果《こうか》がない。

解説 いくら馬にありがたい念仏《ねんぶつ》を聞かせても、馬は何も感じないことから。「念仏《ねんぶつ》」は仏様《ほとけさま》のことを思い、仏様《ほとけさま》の名前をとなえること。

使い方 いくら弟に注意しても**馬の耳に念仏《ねんぶつ》**だ。

【似た意味の言葉】馬耳東風《ばじとうふう》 ⬇103ページ、犬に論語《ろんご》

南無阿弥陀仏《なむあみだぶつ》
南無阿弥陀仏《なむあみだぶつ》

う

海千山千《うみせんやません》

四字熟語

意味 多くの経験《けいけん》をしていて、いろいろな世の中の知識《ちしき》があり、ずるがしこい。

解説 海に千年、山に千年住んだへびは竜《りゅう》になるという言い伝《つた》えから。

使い方 **海千山千《うみせんやません》**の人には気をつけたほうがいい。

【似た意味の言葉】海千河千《うみせんかわせん》

へびが竜《りゅう》になるなら、りっぱになっていいことのようだね。でも、この言葉はずるがしこくなるという意味だから、いい意味では使わないよ。

うら目に出る

ことわざ

意味 よいと思って行ったことが、悪い結果《けっか》となってしまう。

解説 うら目とは、出そうと思っていたサイコロの目のうら側《がわ》の目のこと。願《ねが》っていた目が出ないことから。

使い方 選手《せんしゅ》交代が**うら目に出て**、試《し》合《あい》に負けてしまった。

うり二つ

慣用句

意味 顔かたちがとてもよく似《に》ている。

解説 うりをたてに二つに切ると、その二つがそっくりな形に見えることから。「うりを二つにわったよう」ともいう。

使い方 わたしと妹は**うり二つ**だとよく言われる。

二つに切ると、ほらそっくり。
うりの仲間《なかま》のゴーヤ

うわさをすればかげがさす

ことわざ

意味 人のうわさをしていると、その人がやってくるものだ。

解説 「かげがさす」は、そこにあらわれるという意味。「うわさをすればかげ」と、短くいうこともある。

使い方 **うわさをすればかげがさす**、悪いことは言わないほうがいいよ。

雲泥の差《うんでいのさ》

ことわざ

意味 くらべられないほど大きなちがいや、差《さ》がある。

解説 天にある雲、地にある泥《どろ》、この二つはとてもはなれていることから。

使い方 陸上部《りくじょうぶ》のあの子とわたしでは、足の速さに**雲泥《うんでい》の差《さ》**がある。

【似た意味の言葉】ちょうちんにつりがね ⬇81ページ、月とすっぽん ⬇82ページ

雲と泥《どろ》、天と地の間はとても遠い。

え

絵にかいたもち

ことわざ

意味 実際《じっさい》には役に立たないものや考え、計画。

解説 どんなに上手《じょうず》にかけていても、絵のもちは食べられないことから。「画餅《がべい》」ともいう。

使い方 その計画が**絵にかいたもち**にならないといいね。

【似た意味の言葉】机上《きじょう》の空論《くうろん》

⬇52ページ

もち米をむして、ついてつくるおもちは、えんぎのいい食べ物とされ、昔はなかなか食べられないごちそうだったんだって。

えりを正す

慣用句

意味 気持ちを引きしめて、服やしせい、態度《たいど》をきちんとする。

解説 りっぱな人物の話を聞いた人たちが感動し、上着のえりを整《ととの》えたり、すわり直したりして話を聞き続《つづ》けたという昔の中国の話から。

使い方 **えりを正して**卒業式《そつぎょうしき》に出席《しゅっせき》する。

縁《えん》の下の力持ち

慣用句

意味 人に知られないところで、苦労《くろう》したり努力《どりょく》したりする人。

解説 「縁《えん》の下」は縁側《えんがわ》の下。人に見られないところのたとえ。「力持ち」は、建物《たてもの》を支《ささ》えている土台の石をさす。

使い方 マネージャーのあの人は、チームにとって**縁《えん》の下の力持ち**だ。

日本家屋《かおく》にある縁側《えんがわ》は、玄関《げんかん》以外《がい》の上がり口としても使われる、家の中とも外ともいえないようなところだよ。

お

大船に乗ったよう

慣用句

意味　たよりになるものにまかせきって、すっかり安心する。

解説　大きな船は、かんたんにはしずまないことから。「親船に乗ったよう」ともいう。

使い方　お兄ちゃんが宿題を手伝《てつだ》ってくれるって。これで安心、**大船に乗ったよう**なものだ。

まめ知識

劇場《げきじょう》や公園のある船

たくさんの人を乗せて、世界を旅する客船はとても大きい。二〇一二年現在《げんざい》、世界でもっとも大きな客船は「オアシス・オブ・ザ・シーズ」「アリュール・オブ・ザ・シーズ」の二せき。どちらも全長三六〇メートル、二千人以上《いじょう》の人が中で働《はたら》いていて、五千四百人ものお客さんを乗せられるんだって。船の中には劇《げき》場《じょう》やプール、公園まであって、船の旅をたいくつさせないようにできているんだ。

大目玉《おおめだま》を食う

慣用句

意味　目上の人からきびしくしかられる。

解説　大きな目玉でにらまれることから。「大目玉《おおめだま》をちょうだいする」ともいう。「お目玉を食う」（目上の人からしかられること）を強めた言い方。

使い方　お父さんのパソコンをいたずらして、**大目《おおめ》玉《だま》を食った**。

おしどり夫婦《ふうふ》

慣用句

意味　仲《なか》のいい夫婦《ふうふ》。

解説　おしどりのオスとメスがいつもいっしょにいることから。

使い方　うちのおじいちゃんとおばあちゃんは**おしどり夫婦《ふうふ》**だ。

おしどりは、かもの仲間《なかま》の鳥。メスは地味な色だけど、オスの冬の羽は色あざやかでとてもきれい。

お茶の子さいさい

慣用句

意味 ものごとがとてもかんたんにできる。

解説 「お茶の子」はお茶といっしょに出されるお菓子《かし》のこと。すぐに食べられる、おなかにたまらないという点から、かんたんにできることのたとえに。「さいさい」は、言葉の調子をよくするためのはやし言葉。

使い方 このゲームをクリアすることなんて**お茶の子さいさい**だよ。

【似た意味の言葉】朝飯前《あさめしまえ》

お茶をにごす

慣用句

意味 いいかげんなことをして、その場をごまかす。

解説 茶道《さどう》にはたくさんの決まりごとがあるが、それを知らない人が、いいかげんなやり方をしてお茶をそれらしくにごらせ、ごまかすことから。

使い方 勉強の話になりそうだったので、ちがう話をして**お茶をにごした**。

同じ穴《あな》のむじな

慣用句

意味 関係《かんけい》がなく、ちがうもののように見えても、じつは同じ仲間《なかま》だ。

解説 「むじな」はアナグマのこと。多くの場合、悪い仲間《なかま》についていう言葉。「一つ穴《あな》のむじな」ともいう。

使い方 友達《ともだち》といっしょにうそをついてしまった。**同じ穴《あな》のむじな**だ。

まめ知識

むじなってどんな動物？

むじな＝アナグマは、山林に深い穴《あな》をほって住んでいる。夜、穴《あな》から出てきてエサをさがし、虫や木の実など何でも食べちゃうんだって。タヌキと似《に》ているので、まちがえられることも多いよ。

鬼《おに》に金《かな》ぼう

ことわざ

意味 もともと強いものに、さらに強さが加《くわ》わる。

解説 強い鬼《おに》に、金《かな》ぼうを持たせたら、ますます強くなることから。

使い方 お母さんがさんせいしてくれれば、**鬼《おに》に金《かな》ぼう**だ。

【似た意味の言葉】虎《とら》につばさ

鬼《おに》の目にもなみだ

ことわざ

意味 ふだんとてもこわい人や冷《つめ》たい人でも、情《なさ》け深い気持ちになることがある。

解説 とてもこわい鬼《おに》でも、ときには泣《な》くことがあることから。

使い方 あの先生も映画《えいが》を見て泣《な》くことがあるんだって。**鬼《おに》の目にもなみだ**だ。

帯《おび》に短したすきに長し

ことわざ

意味 ちゅうとはんぱで、役に立たない。

解説 帯《おび》にするには短くて、たすきにするには長いひもは、どちらにも使えないことから。

使い方 この服はわたしには小さいし、妹には大きい。**帯《おび》に短したすきに長し**だ。

たすき
着物のそでをまとめるときに使うもの。

帯《おび》
腰《こし》にまいて着物をおさえるもの。

帯《おび》はだいたい4メートル、たすきは3メートルくらいで、帯《おび》のほうが長いよ。

尾《お》ひれがつく

慣用句

意味 話が伝《つた》わっていくうちに、もとの話にはよけいな話がついて大げさになる。

解説 魚の尾《お》とひれを、本体でないものとしたたとえ。

使い方 転んでひざをすりむいただけなのに、話に**尾《お》ひれがついて**、ほねが折《お》れたことになっていた。

おぼれる者はわらをもつかむ

ことわざ

意味 とてもこまっているときは、たよりなく思えるものにもたよってしまう。

解説 おぼれている人は、水にういているわらでもつかんで助かろうとすることから。

使い方 夏休みの宿題が終わらない。**おぼれる者はわらをもつかむ**で、弟に助けを求《もと》めた。

まめ知識

日本の生活にかかせない「わら」

わらは、稲《いね》や小麦などのくきをかわかしたもの。昔から稲作《いなさく》がさかんだった日本では、家の屋根に利用《りよう》したりしきものにしたり、編《あ》んではきものにしたり、さまざまな使い方をしてきたよ。わらは生活に欠《か》かせない重要《じゅうよう》なものだったんだ。

温故知新《おんこちしん》

故事成語

意味 昔のものごとを学ぶことで、新しい知識《ちしき》やものの見方などを知る。

解説 「温故《おんこ》」は古いことがらを調べる、「知新《ちしん》」は新しいことがらを知る、の意味。「故《ふる》きを温《たず》ねて新しきを知る」と読むこともある。

使い方 昔の人の食事をまねすると、体にいいんだって。**温故知新《おんこちしん》**だね。

女心と秋の空

ことわざ

意味 女の人の気持ちは、変《か》わりやすいものだ。

解説 秋の天気のようすは変《か》わりやすいことから、変《か》わりやすい女の人の心をたとえた言葉。

使い方 お姉ちゃんの好《す》きなアイドルがまた変《か》わった。**女心と秋の空**だね。

変《か》わりやすい秋の空模様《そらもよう》。もとは「男心と秋の空」という言葉だったのを、男を女に置《お》きかえて使うようになったんだって。

かえるの子はかえる

ことわざ

意味 子どもは親に似《に》るものだ。

解説 かえるの子のおたまじゃくしは、かえるには似《に》ていないが、結局《けっきょく》は親と同じように、かえるになることから。「ふつうの親の子どもはふつうに育つものだ」という意味で使われることもある。

使い方 あの歌手のお父さんも歌手だったんだって。**かえるの子はかえる**だね。

【反対の意味の言葉】とんびがたかを生む ⬇91ページ

おたまじゃくし
成長《せいちょう》するとだんだん親に似《に》てくるんだ。

まめ知識

おたまじゃくしは何日で大人《おとな》になる？

かえるの子のおたまじゃくしは、魚のようにえらで息をするから、水の中でないと生きられない。手足が生えてしっぽがなくなり、かえるになると、皮膚《ひふ》や肺《はい》で息をするようになり、陸《りく》の上でも生きられるよ。かえるになるまでの期間は、種類《しゅるい》によってちがう。一か月半くらいで成長《せいちょう》するものもいれば、大きなウシガエルの場合は一～二年もかかるんだって。

かえるの面《つら》に水

ことわざ

意味 どんなことをされても、まったく平気でいること。

解説 「面《つら》」は顔のこと。水中でも生きることのできるかえるの顔にいくら水をかけても、平気なことから。「かえるの面《つら》に小便《しょうべん》」ともいう。

使い方 いろいろ文句《もんく》を言ったけど、お兄ちゃんには**かえるの面《つら》に水**だ。

【似た意味の言葉】牛の角《つの》をはちがさす

まったく平気だよ！
パシャ

顔に泥《どろ》をぬる

慣用句

意味 はじをかかせる。名誉《めいよ》をきずつける。

解説 顔をきたなくよごすということから。

使い方 面接《めんせつ》で失敗《しっぱい》して、すいせんしてくれた先生の**顔に泥《どろ》をぬって**しまった。

【似た意味の言葉】顔をよごす、顔をつぶす

学問に王道《おうどう》なし

ことわざ

意味 いろいろな知識《ちしき》や理論《りろん》を学ぶのに、かんたんで、楽《らく》にできる方法《ほうほう》はない。

解説 「王道《おうどう》」は王様のためにつくられた楽《らく》な道。何かを学ぶためには、王様でもだれでも同じ積《つ》みかさねが必要《ひつよう》ということから。

使い方 **学問に王道なし**、毎日少しずつ勉強しよう。

風《かざ》上《かみ》に置《お》けない

慣用句

意味 行動や性格《せいかく》が悪く、仲間《なかま》にしておきたくない。

解説 くさいものを風上《かざかみ》に置《お》くと、においが風で運ばれてきてこまることから。行いの悪い人をくさいものにたとえている。「風上《かざかみ》にも置《お》けない」ともいう。

使い方 サッカーのルールも知らずにいばるなんて、部員としてみんなの**風上《かざかみ》に置《お》けない**人だ。

かさに着る

慣用句

意味 地位《ちい》の高い人の力を利用《りよう》していばる。自分の権力《けんりょく》をふりかざしていばる。

解説 「かさ」は雨や雪、日差《ひざ》しなどをさけるために頭にかぶるもの。自分を守るものを着ることから。

使い方 学級委員の力を**かさに着て**命令《めいれい》するな。

【似た意味の言葉】虎《とら》の威《い》を借《か》るきつね ➡90ページ

かじを取る

慣用句

意味 正しい方向にものごとが進むよう、全体をまとめてうまく動かしていく。

解説 「かじ」は船の進む方向を決める装置《そうち》。かじをあやつって船を進めることを「かじを取る」ということから。

使い方 チームの**かじを取る**のはキャプテンだ。

かじを取るための舵輪《だりん》

風がふけばおけ屋がもうかる

ことわざ

意味 一つのできごとが、めぐりめぐって思わぬ結果《けっか》となる。また、あてにならないことを期待《きたい》する。

解説 風がふくとほこりがたつ。ほこりが目に入って目の見えなくなる人がふえる。目の見えない人は三味線《しゃみせん》をひく。三味線《しゃみせん》をつくるために猫《ねこ》の皮が必要《ひつよう》で、たくさんの猫《ねこ》がつかまえられる。猫《ねこ》がへるとねずみがふえる。ねずみがおけをかじる。するとおけ屋がもうかる。という江戸《えど》時代のころの話から。

使い方 **風がふけばおけ屋がもうかる**ような夏休みの計画を考えてもだめだよ。

三味線《しゃみせん》は、三本の弦《げん》をはじいて音を出す日本の楽器《がっき》。材料《ざいりょう》に猫《ねこ》の皮が使われていた。このことわざができた江《え》戸《ど》時代には、目の見えない人は三味線《しゃみせん》をひいて生活をすることが多かったんだって。

今はプラスチック製《せい》のおけが多いけれど、昔は木でつくられていたから、ねずみにかじられてしまうことがよくあったんだね。

固唾《かたず》をのむ

慣用句

意味 これからどうなるのか気になって、きんちょうしている。

解説 「固唾《かたず》」は、きんちょうして息をとめたときなどに、口にたまるつばのこと。それをのみこむことから。

使い方 赤と白どちらが勝つか、つな引きの勝負を、**固唾《かたず》をのんで**見守る。

型《かた》にはまる

慣用句

意味 決まっている通りのことをして、自分の考えや新しさがない。

解説 「型《かた》」は古くから伝《つた》わる決まった方法《ほうほう》やしきたりのこと。それにはまっていることから。

使い方 こんな**型《かた》にはまった**作戦《さくせん》では、試合《しあい》に勝てない。

【反対の意味の言葉】型《かた》やぶり

肩《かた》をならべる

慣用句

意味 ❶ならんで立つ。ならんで歩く。❷同じくらいの力やいきおいをもつ。対等《たいとう》な立場に立つ。

解説 肩《かた》が横にならぶようすから。

使い方 ❶妹が友達《ともだち》と、仲良《なかよ》く**肩《かた》をならべて**帰ってきた。❷強いチームと**肩《かた》をならべる**ことができるようにがんばろう。

火《か》中《ちゅう》のくりを拾う

ことわざ

意味 自分のためにはならないのに、人のために危険《きけん》なことをする。

解説 猫《ねこ》が猿《さる》におだてられ、火の中のくりを拾って大やけどをしたというフランスの昔の話から。

使い方 しかられている弟をかばって自分までしかられるなんて、**火《か》中《ちゅう》のくりを拾う**ようなことをしてしまった。

花《か》鳥《ちょう》風《ふう》月《げつ》

四字熟語

意味 自然《しぜん》の美しい景色《けしき》。また、その美しい自然《しぜん》を見たり、絵や詩にしたりして楽しむ。

解説 自然《しぜん》の美しさを代表するものとして、花、鳥、風、月をあげた言葉。

使い方 日本に生まれたからには、**花鳥風月《かちょうふうげつ》**を楽しみながら一年をすごす。

四季《しき》のある日本では、季節《きせつ》ごとに美しい景色《けしき》を見ることができる。だから自然《しぜん》を楽しむ習《しゅう》慣《かん》が根づいているんだね。

か

かっぱの川流れ

ことわざ

意味 名人でも、失敗《しっぱい》することがある。

解説 泳ぎの上手《じょうず》なかっぱでも、ときには川で流されてしまうことがあるということから。

使い方 先生が字をまちがえた。**かっぱの川流れ**だね。

【似た意味の言葉】猿《さる》も木から落ちる ⬇63ページ、弘法《こうぼう》にも筆《ふで》のあやまり ⬇58ページ、上手《じょうず》の手から水がもる ⬇67ページ

我田引水《がでんいんすい》

ことわざ

意味 自分の都合《つごう》のいいように、ものごとを言ったり行ったりする。

解説 ほかの田のことは考えず、自分の田にだけ水を引くということから。

使い方 お姉ちゃんは自分が得意《とくい》なゲームばかりしたがってずるい。**我田引水《がでんいんすい》**だ。

【似た意味の言葉】手前勝手

角《かど》が取れる

慣用句

意味 経験《けいけん》を積《つ》んで、おだやかな人になる。

解説 とがった角《かど》があるものも、だんだん角《かど》がなくなることにたとえて。

使い方 おじいちゃんはこわいけど、昔よりは**角《かど》が取れた**らしい。

【似た意味の言葉】丸くなる

上流の石
下流の石

川の上流にある石は大きくて角《かど》がごつごつしている。川を流れるうちに、ほかの石や川底《かわぞこ》にぶつかって角《かど》がけずれ、丸く小さくなるよ。

かぶとをぬぐ

慣用句

意味 相手の力には、かなわないとみとめる。

解説 かぶとをぬぐことは、戦《たたか》いをやめる、こうさんすることを意味するため。

使い方 ライバルだと思ってきたけど、あいつはすごい。**かぶとをぬぐ**しかない。

かぶとは、武士《ぶし》が頭を守るためにかぶったもの。戦《いくさ》のときには、なくてはならないものだね。

かべに耳あり障子《しょうじ》に目あり

ことわざ

意味 ひみつは人に知られやすい。

解説 かべに耳をあてて話を聞く人や、障子《しょうじ》に穴《あな》を開けて見ている人がいるかもしれないということから。

使い方 **かべに耳あり障子《しょうじ》に目あり**、ないしょ話をするときは気をつけて。

かべ
障子《しょうじ》

木のわくに和紙などをはった「障子《しょうじ》」は、日本の建物《たてもの》の戸やまどなどに使われているよ。

かまをかける
慣用句

意味 自分が聞きたいことを相手から聞き出すために、さそいかけるようにしてうまく話しかける。

解説 「かま」は草を引っかけ、かりとるための道具。

使い方 お母さんに**かまをかけられて**、つまみ食いを白状《はくじょう》してしまった。

亀《かめ》の甲《こう》より年の劫《こう》
ことわざ

意味 長年生きてきた人の経験《けいけん》や知識《ちしき》は、大切にするべきものだ。

解説 「劫《こう》」はとても長い時間という意味。「劫《こう》」と「甲《こう》」の読み方が同じことから。「劫《こう》」は「功《こう》」とも書く。

使い方 おじいちゃんは何でも知っているよ。**亀《かめ》の甲《こう》より年の劫《こう》**だね。

かもがねぎをしょって来る
ことわざ

意味 都合《つごう》のいいことがかさなってとても都合《つごう》がいい。

解説 かもが、ねぎをしょってやって来てくれれば、かもなべの材料《ざいりょう》がいっぺんにそろって、とても都合《つごう》がいいことから。「かもねぎ」ともいう。

使い方 いとこが、やりたかったゲームを持って遊びに来た。**かもがねぎをしょってやって来た**みたいだ。

まめ知識

かもなべってどんな料理《りょうり》?

かもなべは、かもの肉をねぎなどの野菜《やさい》やとうふなどといっしょににる料理《りょうり》。ねぎが、かもの肉のにおいを消して、おいしく食べられるんだって。

かやの外
慣用句

意味 ものごとにかかわれない立場。仲《なか》間《ま》はずれにされること。

解説 「かや」はふとんをおおうようにしてつり、かにさされないようにする道具。その外に出されることから。

使い方 あの計画では、ぼくだけ**かやの外**だった。

麻《あさ》や木綿《もめん》の布《ぬの》を部屋のすみからつって、ふとんをおおう「かや」。かがいっしょに入らないように、すそを上下に少しふり、そばにいるかをはらってから、すばやく中に入るよ。昔は、多くの家で使われていたんだ。

からすの行水《ぎょうずい》

慣用句

意味 おふろに入っている時間がとても短い。

解説 「行水《ぎょうずい》」はたらいなどに水を入れて、体を洗《あら》うこと。からすは、あっという間に水あびを終えることから。

使い方 お父さんに似《に》て、ぼくも弟も**からすの行水《ぎょうずい》**だ。

かれ木も山のにぎわい

ことわざ

意味 つまらないものでも、ないよりはある方がましだ。

解説 かれた木でも、あった方が山がにぎやかになるということから。自分のことを遠りょがちに言う言葉で、他人には使わない。

使い方 うまくおどれないけど、**かれ木も山のにぎわい**と思ってぼんおどりの輪《わ》に入った。

画竜点睛《がりょうてんせい》

故事成語

意味 ものごとをかんぺきに完成《かんせい》させるために欠《か》かせないところ、最後《さいご》の仕上げ。

解説 かべに竜《りゅう》の絵をかき、最後《さいご》にひとみをかいて完成《かんせい》させたら、たちまち天にのぼっていったという、昔の中国の話から。「睛《せい》」はひとみのこと。

使い方 その作文はまだ**画竜点睛《がりょうてんせい》**を欠《か》いている。

かわいい子には旅をさせよ

ことわざ

意味 子どもがかわいいなら、あまやかさずに世の中のつらいことも経験《けいけん》させるべきだ。

解説 親のもとをはなれて旅をすることが、さまざまな経験《けいけん》をすることにつながるから。

使い方 **かわいい子には旅をさせよ**という考えで、両親は子どもを海外に留学《りゅうがく》させた。

【似た意味の言葉】 若《わか》いときの苦労《くろう》は買《こ》うてもせよ

かんこ鳥が鳴く

慣用句

意味 人が少なく静《しず》かでさみしい。お客が少なく商売がうまくいっていない。

解説 「かんこ鳥」はかっこうの別《べつ》のよび方。山の中で、かっこうの声がさみしそうに聞こえることから。

使い方 今日もあのお店には、**かんこ鳥が鳴いている。**

【似た意味の言葉】 門前雀羅《もんぜんじゃくら》をはる

【反対の意味の言葉】 門前市《もんぜんいち》をなす

木に竹をつぐ

ことわざ

意味 前後のつながりが不自然《ふしぜん》。つりあいがとれず、まとまっていない。

解説 「つぐ」はつぎ木をするという意味。木に竹をつぎ木するように、性質《せいしつ》のちがうものをつぎ合わせるということから。

使い方 今日は、**木に竹をついだ**ような服装《ふくそう》をしているね。

まめ知識

何のためにつぎ木をするの？

植物の枝《えだ》や芽《め》を切ったものを、似《に》ている種類《しゅるい》の植物の枝《えだ》につなげて育てることを、つぎ木という。新しい品種《ひんしゅ》をつくったり、害虫《がいちゅう》に弱い植物を守ったり、実をたくさんつけさせたりするために行われるよ。

気が置《お》けない

慣用句

意味 気をつかったり、えんりょをしたりしなくていい。

解説 もともと「気が置《お》ける」という言葉が、相手に対してどうしても気をつかってしまうという意味で、その反対であることから。「気の置《お》けない」ともいう。

使い方 **気が置《お》けない**仲間《なかま》といっしょに遊ぶ。

危《き》機《き》一《いっ》髪《ぱつ》

四字熟語

意味 危険《きけん》がもうすぐそこにせまっている。

解説 「危機《きき》」はあぶないとき。あぶないときが、あと髪《かみ》の毛一本ほどの差《さ》のところまできているということから。

使い方 ちこくだと思ったけれど、**危機《きき》一髪《いっぱつ》**のところで間に合った。

机《き》上《じょう》の空《くう》論《ろん》

ことわざ

意味 実際《じっさい》には役に立たない考えや意見。

解説 「空論《くうろん》」は現実《げんじつ》とかけはなれた考え。つくえの上だけで組み立てた空論《くうろん》ということから。

使い方 そんな**机上《きじょう》の空論《くうろん》**は、うまくいくはずがない。

【似た意味の言葉】絵にかいたもち ↓42ページ

き

木によりて魚《うお》を求《もと》む

故事成語

意味 まちがった方法《ほうほう》では目的《もくてき》を達《たっ》することはできない。

解説 木にのぼって魚をとろうとするような、まちがった方法《ほうほう》だということから。⬇129ページ

使い方 方向おんちの妹に道案内《みちあんない》をたのむなんて、**木によりて魚《うお》を求《もと》める**ようなものだ。

【似た意味の言葉】畑にはまぐり

きびすを返す

慣用句

意味 進んで来た道をもとにもどる。あともどりする。

解説 「きびす」はかかと。かかとを反対に向けることから。「きびすをめぐらす」ともいう。

使い方 わすれ物をしたお母さんは、**きびすを返して**家にとりに行った。

脚光《きゃっこう》をあびる

慣用句

意味 世の中から注目される。

解説 「脚光《きゃっこう》」は、舞台《ぶたい》を足下から照《て》らすライト。舞台《ぶたい》に立った人が、ライトの光をあびて注目されることから。

使い方 環境《かんきょう》にやさしい商品が**脚光《きゃっこう》をあびて**いる。

脚光《きゃっこう》

清《きよ》水《みず》の舞《ぶ》台《たい》から飛《と》びおりる

ことわざ

意味 思い切ったことを固《かた》く心に決めて行う。

解説 「清水《きよみず》」は京都《きょうと》にある清水寺《きよみずでら》のこと。高いがけの上にあり、そこから飛《と》びおりるくらいの強い気持ちということから。

使い方 **清水《きよみず》の舞台《ぶたい》から飛《と》びおりる**つもりで、難《なん》関校《かんこう》を受験《じゅけん》した。

まめ知識

舞台《ぶたい》の高さは十二メートル以上《いじょう》

清水寺《きよみずでら》は、七九八年につくられたといわれている古いお寺だよ。何度も争《あらそ》いにまきこまれて焼《や》かれてしまい、今の本堂《ほんどう》と舞台《ぶたい》は一六三三年に建《た》てられたもの。がけにせり出す舞台《ぶたい》は、たくさんの大きな柱《はしら》が支《ささ》えているよ。柱《はしら》の長さは十二メートルもあるんだって。世界遺産《いさん》にもなっている。

漁《ぎょ》夫《ふ》の利《り》

故事成語

意味 二人の人が争《あらそ》っている間に、争《あらそ》いに関係《かんけい》のない人が利益《りえき》を横取りする。

解説 しぎという鳥と、はまぐりが争《あらそ》いをしていたら、漁夫《ぎょふ》(漁師《りょうし》)がやって来て両方つかまえてしまったという昔の中国の話から。⬇129ページ

使い方 残《のこ》ったケーキをわたしとお兄ちゃんで争《あらそ》っているうちに、**漁夫《ぎょふ》の利《り》**を得《え》たのは妹だった。

草の根を分けてさがす

慣用句

意味 あらゆる方法《ほうほう》で、どんなことをしてもさがす。

解説 かくれていて見えない草の根まで分けてさがすほどということから。「草を分けてさがす」ともいう。

使い方 家のかぎを落とした。**草の根を分けてさがさな**くちゃ。

くぎをさす

慣用句

意味 相手が約束《やくそく》をやぶったり、あとで言いわけができないように、あらかじめ注意をしておく。

解説 くぎでしっかり固定《こてい》しておくということから。「くぎを打つ」ともいう。

使い方 明日の朝はねぼうしないようにと、先生に**くぎをさされた**。

くさいものにふたをする

ことわざ

意味 人に知られたくない失敗《しっぱい》や悪い行いを、とりあえずかくしてごまかす。

解説 くさいものをすてないで、ひとまずふたをして、においをごまかそうとすることから。

使い方 **くさいものにふたをしても**解決《かいけつ》にはならない。

くさってもたい
ことわざ

意味　もともとすぐれたものは、たとえいたんでも、ねうちを失《うしな》わない。

解説　味がよく、すがたもりっぱで高級な魚とされるたいは、くさっても価値《かち》があるということから。

使い方　おじいちゃんにもらった指輪《ゆびわ》はきずだらけだけど、**くさってもたい**だとおばあちゃんは言う。

口八丁手八丁
慣用句

意味　話すことも、することも、何でも器用《きよう》にこなしてぬけ目がない。

解説　「八丁」は八つの道具を使いこなすという意味。ほめ言葉としてではなく、ひにくをこめて使われる場合が多い。「口も八丁手も八丁」ともいう。

使い方　あの子は**口八丁手八丁**で、世わたりがうまい。

まめ知識

七つの道具でも使いこなすのは大変《たいへん》!?

大工《だいく》の世界では、❶サシガネ❷チョウナ❸カンナ❹スミツボ❺ノミ❻ゲンノウ❼ノコギリ、の七つ道具を使いこなせるようになったら一人前。七つでもむずかしいのに、八つの道具を使うのは大変《たいへん》なことなんだよ。

❶
❷
❸
❹
❺
❻
❼
❽
?
八つ目の道具って何だろうね。

口が軽い
慣用句

意味　話してはいけないことを、すぐに話してしまう。おしゃべり。

解説　よく考えもせずに、軽がるしく口を開くことから。

使い方　妹は**口が軽い**から、このことはだまっていよう。

【反対の意味の言葉】口がかたい

口はわざわいの門《かど》
ことわざ

意味　うっかり言ってしまったひと言が、思わぬ不幸《ふこう》をまねくこともあるので、話す言葉には注意が必要《ひつよう》だ。

解説　「わざわい」は人に不幸《ふこう》をもたらすできごとや災難《さいなん》。「口はわざわいのもと」ともいう。

使い方　つい言ってしまったことで、友達《ともだち》と気まずくなってしまった。**口はわざわいの門《かど》**だ。

口をそろえる
慣用句

意味　みんなが同じことを言う。

解説　「そろえる」は、同じにする、一つにまとめるという意味。

使い方　わたしの意見に、家族が**口をそろえて**反対した。

【似た意味の言葉】異口同音《いくどうおん》 ⬇34ページ

おなかすいたー!
おなかすいたー!
ピー
ピー
ピー

くもの子を散《ち》らす

ことわざ

意味 集まっていたたくさんの人が、いっせいにばらばらになってにげたり、あちこちに散《ち》っていく。

解説 くもの子が入ったふくろ(卵《らん》のう)には、何百ぴきものくもの子がいて、ふくろをやぶるとくもの子がいっせいに散《ち》らばっていくことから。

使い方 はちが飛《と》んできたので、みんな**くもの子を散《ち》らす**ようににげた。

まめ知識

くもの卵《らん》のう

卵《らん》のうは、ひとかたまりで産《う》んだたくさんの卵《たまご》のまわりを、糸でまいてつくる。つくる場所や形はくもの種類《しゅるい》によってさまざまで、木のみきや葉のうらにはりつけたり、自分の巣《す》につるしたり、おなかにつけて行動する種類《しゅるい》もいる。卵《らん》のうから子どもが生まれてくる生き物には、くも以外《いがい》にカマキリやサンショウウオなどがいるよ。

雲をつかむ

慣用句

意味 ものごとがぼんやりしていて、手がかりがない。つかみどころがない。

解説 雲をつかもうとしても、手ごたえもなく、つかめないことから。

使い方 **雲をつかむ**ような話をされても、どうこたえていいのかわからない。

いっせいに散《ち》らばるくもの子

苦しいときの神だのみ

ことわざ

意味 いつもは神様を信《しん》じていないのに、自分がこまったときにだけ神様にいのり、助けを求《もと》める。

解説 「かなわぬときの神だのみ」「こまったときの神だのみ」ともいう。

使い方 テスト勉強が終わらない。**苦しいときの神だのみ**、こうなったらおいのりするしかない。

群《ぐん》をぬく

慣用句

意味 たくさんのものの中で、ずばぬけてすぐれている。

解説 「群《ぐん》」はむれ、集団《しゅうだん》。その中からぬき出ているということから。

使い方 読んだ本の数はクラスでも**群《ぐん》をぬいて**いる。

鶏口《けいこう》となるも牛後《ぎゅうご》となるなかれ

故事成語

意味 大きな集団《しゅうだん》で人にしたがうよりも、小さな集団《しゅうだん》でも人の上に立つほうがいい。

解説 大きな国を牛、小さな国をにわとりにたとえて、牛のしっぽになるより、にわとりの頭であったほうがいいという昔の中国の話から。⬇129ページ

使い方 **鶏口《けいこう》となるも牛後《ぎゅうご》となるなかれ**と思い、おじいちゃんは会社をやめてお店をはじめたんだって。

【似た意味の言葉】たいの尾《お》よりいわしの頭 ⬇75ページ

蛍雪《けいせつ》の功《こう》

故事成語

意味 苦労《くろう》をして、いっしょうけんめい勉強すること。

解説 貧《まず》しくて、明かりをともす油も買えなかったある青年《せいねん》が、夏に蛍《ほたる》を集めてその光で勉強をした。また別《べつ》の青年《せいねん》は、冬に雪明かりで勉強をした。やがてどちらもりっぱな役人になったという昔の中国の話から。

⬇130ページ

使い方 **蛍雪《けいせつ》の功《こう》**で、むずかしいテストに合格《ごうかく》した。

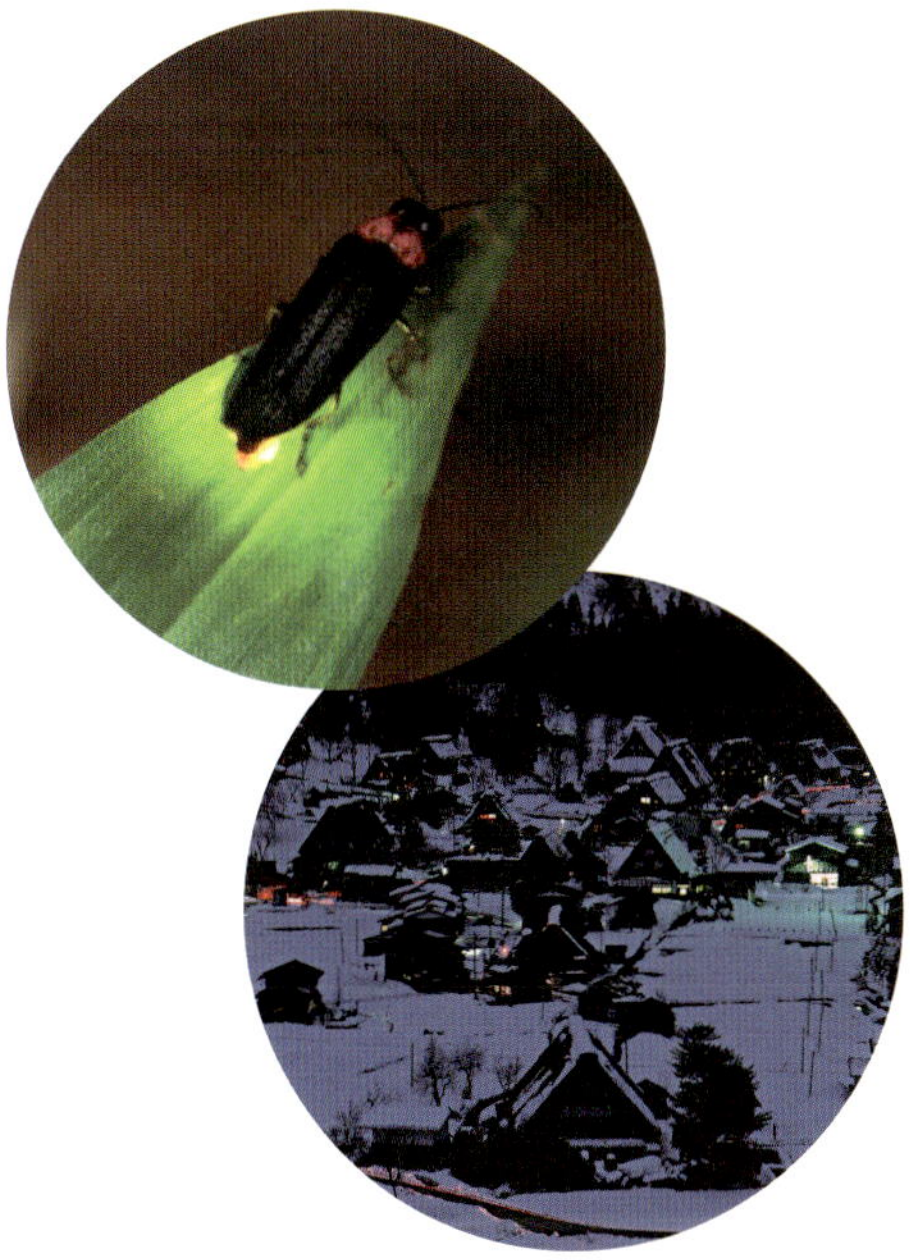

けがの功名《こうみょう》

ことわざ

意味 はじめはまちがえたと思ったことや、なんとなくしたことが、意外にもよい結果《けっか》になる。

解説 「けが」は体のきずではなくて、まちがいや失敗《しっぱい》。「功名《こうみょう》」は手がらのこと。

使い方 クレヨンをさがしていたら、**けがの功名《こうみょう》**で、なくしていた消しゴムもいっしょに見つかった。

犬猿《けんえん》の仲《なか》

慣用句

意味 何かにつけて争《あらそ》うほど、とても仲《なか》が悪い。

解説 犬と猿《さる》はとても仲《なか》が悪いものと考えられていることから。「犬と猿《さる》」ともいう。

使い方 この二人は、仲《なか》がよさそうに見えるのに、じつは**犬猿《けんえん》の仲《なか》**なんだって。

一輪《りん》だけ赤い花があると、とても目立ってきれいだね。

紅一点《こういってん》

故事成語

意味 大ぜいの男の人の中に、一人だけまじった女の人。

解説 もともとは「見わたすかぎり緑の草むら、その中に一輪《りん》の紅《あか》い花があざやかにさいている」という昔の中国の詩の一節《せつ》から。多くのものの中で、一つだけちがい、きわ立って見えるものという意味でも使われていた。

使い方 あのマネージャーは野球チームの中の**紅一点《こういってん》**だ。

後悔《こうかい》先に立たず

ことわざ

意味 すんでしまったことは、あとから反省《はんせい》したり、くやしく思ったりしても、もうとり返しがつかない。

解説 後悔《こうかい》は、ものごとが始まる前にはできないということから。

使い方 もっと早く出かける準備《じゅんび》をしておけばよかったけれど、**後悔《こうかい》先に立たず**だ。

弘法《こうぼう》にも筆《ふで》のあやまり

ことわざ

意味 その道にすぐれた人でも、ときには失敗《しっぱい》する。

解説 書道の名人の弘法大師《こうぼうだいし》(＝空海《くうかい》)でも、ときには文字を失敗《しっぱい》することがある、ということから。

使い方 料理《りょうり》上手《じょうず》なお母さんが味つけに失敗《しっぱい》した。**弘法《こうぼう》にも筆《ふで》のあやまり**だ。

【似た意味の言葉】かっぱの川流れ ⬇49ページ、猿《さる》も木から落ちる ⬇63ページ、上手《じょうず》の手から水がもる ⬇67ページ

弘法筆《こうぼうふで》を選《えら》ばず

ことわざ

意味 名人は、どんな道具でもりっぱな仕事をする。

解説 書道の名人の弘法大師《こうぼうだいし》は、筆《ふで》がよくても悪くても気にしないということから。

使い方 お父さんはつりの名人で、どんなつりざおでも、魚をたくさんつる。**弘法筆《こうぼうふで》を選《えら》ばず**だ。

【反対の意味の言葉】下手《へた》の道具調べ

紺屋《こうや》の白ばかま　ことわざ

意味　ほかの人のことばかりしていていそがしく、自分のことをするひまがない。

解説　「紺屋《こうや》」は染《そ》め物屋。染《そ》め物屋は人のものばかり染《そ》めていて、自分は染《そ》めていない白いままのはかまをはいているということから。

使い方　お父さんはコックだけど、家ではぜんぜん料理《りょうり》をしない。**紺屋《こうや》の白ばかま**だ。

【似た意味の言葉】医者の不養生《ふようじょう》

紺屋《こうや》はもともと藍《あい》(➡29ページ)を使って染《そ》め物をする人のことだったけれど、だんだん染《そ》め物屋をあらわす言葉になっていった。紺屋《こうや》が集まっていた町は紺屋町《こうやまち》とよばれていて、今でも日本のあちこちにあるよ。

呉越同舟《ごえつどうしゅう》　故事成語

意味　仲《なか》の悪い者どうしが、同じ場所にいたり、力を合わせて何かを行ったりする。

解説　「呉《ご》」と「越《えつ》」、二つの国は仲《なか》が悪いが、両国の人が同じ舟に乗り嵐《あらし》にあえば、舟がしずまないよう助け合うものだという昔の中国の話から。

使い方　今日はライバルのあいつと**呉越同舟《ごえつどうしゅう》**、同じチームでがんばろう。

故郷《こきょう》へ錦《にしき》をかざる　ことわざ

意味　ふるさとをはなれていた人が、りっぱになってふるさとに帰る。

解説　「錦《にしき》」は金銀の糸を使ったもようの美しい高価《こうか》な織物《おりもの》。その織物《おりもの》を着たりっぱなすがたでふるさとに帰るということから。「錦《にしき》を着て故郷《こきょう》に帰る」ともいう。

使い方　**故郷《こきょう》へ錦《にしき》をかざる**ために、いっしょうけんめい働《はたら》こう。

虎穴《こけつ》に入《い》らずんば虎子《こじ》を得《え》ず　故事成語

意味　危険《きけん》なことも行わなければ、自分が望《のぞ》むものは手に入らない。

解説　虎《とら》の住む穴《あな》に入らなければ、虎《とら》の子をつかまえることはできないということから。

使い方　**虎穴《こけつ》に入《い》らずんば虎子《こじ》を得《え》ず**。顔を水につけなきゃ、泳げるようにはならない。

虎《とら》はメスが子育てをする。生まれてから4～8週間で巣《す》から出るようになり、18～24か月ほど母親のなわばりの中で生活するよ。

錦《にしき》の織物《おりもの》

腰《こし》が強い　慣用句

意味　❶ねばり強くて、なかなかあきらめない。❷ねばり気があり、もとにもどろうとする力が強い。

解説　「腰《こし》」という言葉には、ねばりや、もとにもどる力、はね返す力などの意味がある。

使い方　❶相手は**腰《こし》が強い**チームだから、ゆだんするな。❷**腰《こし》が強く**ておいしいうどんだ。

腰《こし》が低《ひく》い　慣用句

意味　まわりの人に対して、ひかえめでやさしい。えらそうにしない。

解説　腰《こし》の位置《いち》を低《ひく》くし、小さくなる姿勢《しせい》から。

使い方　姉は**腰《こし》が低《ひく》くて**、まわりのみんなから好《す》かれている。

【反対の意味の言葉】腰《こし》が高い、頭《ず》が高い

虎《こ》視《し》眈《たん》眈《たん》

故事成語

意味 じっと機会《きかい》をねらっているようす。

解説 「虎視《こし》」は、虎《とら》がえものをにらむするどい目。「眈眈《たんたん》」は、じっとねらっているようす。

使い方 **虎視眈眈《こしたんたん》**と、得点《とくてん》のチャンスをねらっている。

虎《とら》はえものを見つけると、しげみなどにかくれながらそっと近くまでしのびより、とびかかるチャンスをうかがうんだ。

五《ご》十《じっ》歩《ぽ》百《ひゃっ》歩《ぽ》

故事成語

意味 小さな差《さ》はあっても、似《に》たようなものであまりちがいがない。

解説 五十歩にげるのも百歩にげるのも、にげたことにかわりがないということから。⬇130ページ

使い方 テストの点数は、みんな**五《ご》十《じっ》歩《ぽ》百《ひゃっ》歩《ぽ》**だった。

【似た意味の言葉】大《だい》同《どう》小《しょう》異《い》 ⬇75ページ、どんぐりのせいくらべ ⬇91ページ

腰《こし》をすえる

慣用句

意味 どっしり落ち着いて、集中して一つのものごとをする。

解説 その場にすわりこんで、何かをするようすから。

使い方 夏休みももうすぐ終わりだ。そろそろ**腰《こし》をすえて**宿題をやらなくちゃ。

ごまめの歯ぎしり

ことわざ

意味 もともとかなうはずのない者が、くやしがったり残念《ざんねん》がったりする。

解説 「ごまめ」は小さな魚をかんそうさせた食べ物。力のない弱いものをごまめにたとえた。

使い方 ゲームで負けた弟がくやしがっているけど、しょせんは**ごまめの歯ぎしり**だ。

【似た意味の言葉】とうろうのおの ⬇88ページ

ごまめは、お正月などお祝《いわ》いの料理《りょうり》に使うよ。ごまめをにた料理《りょうり》を「田作《たつく》り」というんだ。

五《ご》里《り》霧《む》中《ちゅう》

故事成語

意味　ものごとのようすがわからなくて、これからどうしたらいいのか決められない。

解説　「里《り》」は昔の長さの単位《たんい》。「五里《ごり》」はおよそ二十キロメートル。五里《ごり》にわたる霧《きり》の中では、方向がわからなくなってしまうことから。昔の中国の話からできた言葉。 ⬇130ページ

使い方　かんとくがかわって、チームは**五《ご》里《り》霧《む》中《ちゅう》**だ。

【似た意味の言葉】暗《あん》中《ちゅう》模《も》索《さく》

霧《きり》は、とても小さな水のつぶが空中にうかんでいる状態《じょうたい》。霧《きり》が濃《こ》いと、少し先も見えなくなってしまうよ。

転ばぬ先のつえ

ことわざ

意味　何かをするときに、前もってしっかり準備《じゅんび》をしておけば失敗《しっぱい》しない。

解説　つえは転んでからついてもおそい、転ばないように、前もってつくものだということから。

使い方　**転ばぬ先のつえ**で、地震《じしん》のときにどうするかを家族で話し合った。

【似た意味の言葉】そなえあればうれいなし ⬇73ページ

転んでもただでは起きぬ

ことわざ

意味　たとえ失敗《しっぱい》しても、何か自分のためになることをそこから見つける。

解説　転んでも、何か落ちているものをつかむまでは起き上がらないということから。とてもよくばりな人や、とてもがんばる人のたとえで使われる。

使い方　お姉ちゃんは、**転んでもただでは起きぬ**性《せい》格《かく》だ。

言《ご》語《ん》道《ど》断《う》

四字熟語

意味　言葉にできないほど、とてもひどい。とんでもない。

解説　「言語《ごんご》」は言葉。言葉で説明《せつめい》することさえできない（道が断《た》たれる）ということから。もとは仏《ぶっ》教《きょう》の言葉。

使い方　宿題もせずにゲームをしているとは、**言語《ごんご》道断《どうだん》**だとしかられた。

コロンブスの卵《たまご》

ことわざ

意味　だれでもできそうなかんたんなことでも、それをはじめに考えたり、行ったりすることはむずかしい。

解説　アメリカ大陸《たいりく》の発見はだれにでもできたと言われたコロンブスが、それでは卵《たまご》をテーブルに立てられるかとその場にいた人にためさせたところ、一人もできなかった。するとコロンブスは卵《たまご》の底《そこ》の部分をつぶしてテーブルに立てたという話から。

使い方　これは**コロンブスの卵《たまご》**だ。どうしてみんな考えつかなかったんだろう。

まめ知識

コロンブスってどんな人？

イタリア人の航海者《こうかいしゃ》であるコロンブスは、スペインの女王の助けを借《か》り、長い航海《こうかい》をして一四九二年にアメリカ大陸《たいりく》への航路《こうろ》を発見した。コロンブスは、自分が到達《とうちゃく》した大陸《たいりく》をはじめはインドだと思っていたんだって。

どうやっても卵《たまご》は転がってしまうけど……。
底《そこ》をつぶせば、ほらこのとおり！

さばを読む

慣用句

意味 自分の都合《つごう》のいいように、多く言ったり、少なく言ったり、数をごまかす。

解説 昔、魚《うお》市場で、さばはいたみやすいので急いで数え、数をごまかしたことから。「読む」は数えるという意味。

使い方 テストの結果《けっか》は七十七点だったが、友達《ともだち》には**さばを読んで**八十点だと伝《つた》えた。

さばは一度にたくさんとれるから、数えるのも大変《たいへん》だよ。

再《さい》三《さん》再《さい》四《し》

四字熟語

意味 たびたび、くり返して何度も。

解説 「再三《さいさん》」は、二度も三度もという意味。「再四《さいし》」をつけ加《くわ》えることで、再三《さいさん》の言葉の意味を強めている。

使い方 **再《さい》三《さん》再《さい》四《し》**言われているけど、なかなか部屋がかたづけられない。

酒は百薬《ひゃくやく》の長《ちょう》

故事成語

意味 ほどよい量《りょう》のお酒を飲むことは、どんな薬より健康《けんこう》のためになる。

解説 「百薬《ひゃくやく》」はたくさんの薬、あらゆる薬という意味。「長《ちょう》」はすぐれている、その中で最高《さいこう》であること。

使い方 おじいちゃんは**酒は百薬《ひゃくやく》の長《ちょう》**と言って、毎日ちょっとずつお酒を飲んでいる。

さじを投げる

慣用句

意味 努力《どりょく》してもよくならない、これから先の見こみがないと、ものごとをあきらめる。

解説 治療《ちりょう》の方法《ほうほう》が見つからず、医者が薬をまぜ合わせるために使うさじを投げ出してしまうことから。

使い方 むずかしいパズルに、とうとう**さじを投げて**しまった。

猿《さる》も木から落ちる

ことわざ

意味 そのことが得意《とくい》な人でも、失敗《しっぱい》をすることがある。

解説 木登りの上手な猿《さる》でも、ときには失敗《しっぱい》して木から落ちるということから。

使い方 算数が得意《とくい》なお兄ちゃんが、かんたんな計算をまちがえた。**猿《さる》も木から落ちる**だね。

【似た意味の言葉】かっぱの川流れ ⬇49ページ、弘法《こうぼう》にも筆《ふで》のあやまり ⬇58ページ、上手《じょうず》の手から水がもる ⬇67ページ

まめ知識

猿《さる》はどうして木登りがうまいの?

ほかの動物はかぎのようなつめをひっかけて木に登るけど、さるのつめは人間のように平ら。ものをしっかりとつかむことができ、枝《えだ》をつかんで木に登れる。枝《えだ》から枝《えだ》へのきょりをはかるため、目もとても発達《はったつ》しているんだって。

去る者は追わず

故事成語

意味 自分からはなれていこうとする人のことは、無理《むり》に引き止めたりしない。

解説 昔、中国の学者が言った言葉。このあとに「来《きた》る者はこばまず」(自分のところで学びたいとやって来る人はだれでも引き受ける)と続《つづ》く。

使い方 チームをやめたいならしかたがない。**去る者は追わず**だ。

さわらぬ神にたたりなし

ことわざ

意味 ものごとに、よけいな手出しや口出しをしなければ、悪いできごとをまねくこともない。

解説 神様にかかわらなければ、神様からのばつや、わざわいを受けることもないということから。

使い方 お姉ちゃんのきげんが悪い。**さわらぬ神にたたりなし**、今日は近づかないようにしよう。

さんしょうは小つぶでもぴりりとからい

ことわざ

意味 体は小さくても気持ちが強く、すぐれた才《さい》能《のう》をもっているので、軽く見ることはできない。

解説 さんしょうの実は小さくても、とてもからいことから。

使い方 **さんしょうは小つぶでもぴりりとからい**と言われるように、小さくてもがんばろう。

【反対の意味の言葉】うどの大木《たいぼく》 ⬇13ページ

さんしょうの実

さんしょうの実は、つくだににしたり、皮の部分を粉《こな》にして料理《りょうり》にかけたりする。若《わか》葉《ば》や花も食べられるよ。うなぎ料理《りょうり》によく使われているね。

敷《しき》居《い》が高い

慣用句

意味 ❶失礼《しつれい》なことをしてしまったり、会いづらいことがあったりして、その人の所へ行きにくい。❷高級な店などに気軽に入っていけない。手がとどかない。

解説 「敷《しき》居《い》」は、戸やふすまなどを開け閉《し》めするための溝《みぞ》がついた横木《よこぎ》。ここでは家の門や玄関《げんかん》にある横木《よこぎ》をさす。入りづらくて、敷《しき》居《い》が高く感じられることから。

使い方 ❶借《か》りた本をまだ返していないので、あの子の家の**敷《しき》居《い》が高い**。❷あのレストランは高級すぎて、自分には**敷《しき》居《い》が高い**。

日本の作法《さほう》では、敷《しき》居《い》はふんではいけないとされていて、またいで通る。敷《しき》居《い》が高いと、またぎづらくて入りにくいよね。

自《じ》画《が》自《じ》賛《さん》

四字熟語

意味 自分のことを自分でほめる。

解説 「賛《さん》」は絵につける詩や文。賛《さん》はほかの人にかいてもらうのがふつうなのに、自分でかいた絵に、自分で賛《さん》を書くことから。「自《じ》賛《さん》」ともいう。

使い方 われながらうまく書けた作文だと、弟は**自《じ》画《が》自《じ》賛《さん》**している。

【似た意味の言葉】手前みそ ⬇85ページ

地《じ》団《だん》駄《だ》をふむ

慣用句

意味 はげしくくやしがったり、おこったりする。

解説 「地《じ》団《だん》駄《だ》」は足で地面を何度もはげしくふみつけること。そのようすから。

使い方 試合《しあい》に負け、くやしくて**地《じ》団《だん》駄《だ》をふんだ**。

地団駄《じだんだ》は、「地《じ》たたら」という言葉の音が変化《へんか》した言葉。地たたらとは、足でふんで風を送る大きな道具で、「ふいご」ともよばれているよ。

しっぽをまく

慣用句

意味 相手に向かっていく気持ちをなくし、負けをみとめる。

解説 犬が強い相手からにげるときに、しっぽを下に丸めるようすから。

使い方 一人ではとてもかなわないと、**しっぽをまいて**にげ出した。

とても
かないません。
ウ〜

四面楚歌《しめんそか》

故事成語

意味 敵《てき》や反対する人にかこまれ、味方がいない。

解説 「四面《しめん》」は周囲《しゅうい》のこと。「楚《そ》」という国の武将《ぶしょう》が、周囲《しゅうい》をかこんだ敵軍《てきぐん》が楚《て》の国の歌をうたうのを聞き、楚《そ》の人たちが降伏《こうふく》して敵方《てきがた》についてしまったと思い、なげいたという昔の中国の話から。

使い方 両親だけでなく妹にまで反対されて、**四面《しめん》楚歌《そか》**の状況《じょうきょう》だ。

しゃくし定規《じょうぎ》

慣用句

意味 一つの方法《ほうほう》や基準《きじゅん》を何にでも当てはめようとすること。

解説 「しゃくし」はご飯《はん》や汁《しる》ものをすくう道具。曲がっているしゃくしの柄《え》を、定規《じょうぎ》にしてはかろうとすることから。

使い方 そんなに**しゃくし定規《じょうぎ》**な考え方をしないで、自由に考えよう。

うまく測《はか》れないよ。
しゃくし

釈迦《しゃか》に説法《せっぽう》

ことわざ

意味 よく知っている人に、そのことを教えようとするのはむだで、ばかげている。

解説 お釈迦《しゃか》様に対して、仏教《ぶっきょう》の説明《せつめい》をするのはばかげていることから。「釈迦《しゃか》に経《きょう》」ともいう。

使い方 華道《かどう》の先生をしているおばあちゃんに花の名前を教えるなんて、**釈迦《しゃか》に説法《せっぽう》**だ。

【似た意味の言葉】かっぱに水練《すいれん》

弱肉強食《じゃくにくきょうしょく》

故事成語

意味 強い者が弱い者を支配《しはい》して、栄《さか》える。

解説 弱い者の肉が、強い者の食べものになるということから。

使い方 勝負の世界は**弱肉強食《じゃくにくきょうしょく》**。たくさん練習をして強くなろう。

【似た意味の言葉】優勝劣敗《ゆうしょうれっぱい》

蛾《が》を食べる
シオカラトンボ

草食動物を食べる
アフリカライオン

自然界《しぜんかい》は、まさに弱肉強食《じゃくにくきょうしょく》。強い者が弱い者を食べることで生きているんだ。

しゃちほこばる

慣用句

意味 ❶おもおもしい態度《たいど》をとる。❷きんちょうして体が固《かた》くなる。

解説 しゃちほこは想像上《そうぞうじょう》の生き物。そのどうどうとした、いかめしいようすから。「しゃちこばる」「しゃっちょこばる」ともいう。

使い方 ❷妹が、お客さんの前で**しゃちほこばっ**てすわっている。

しゃちほこは、頭は虎《とら》、体は魚のすがたをしている。尾《お》をどうどうとそらして空に向けているよ。火をふせぐおまじないとして屋根の上につけられたんだって。

蛇《じゃ》の道はへび

ことわざ

意味 仲間《なかま》のすることは、同じ仲間《なかま》ならよく知っていて、すぐわかる。

解説 へびの通る道は、へびの仲間《なかま》にはよくわかるということから。

使い方 **蛇《じゃ》の道はへび**で、ゲームのことはお兄ちゃんに聞いてみたらいいと思う。

へびの道は、人間にはわからないね。

十人十色《じゅうにんといろ》

四字熟語

意味 考えや好《この》みは、人によってそれぞれみんなちがう。

解説 十人いれば、十の色があるということから。

使い方 同じ本を読んでも、感想は**十人十色《じゅうにんといろ》**だ。

【似た意味の言葉】千差万別《せんさばんべつ》 ⬇72ページ、たで食う虫も好《す》き好《ず》き ⬇77ページ

し

数珠《じゅず》つなぎ

慣用句

意味 たくさんの人や物を一つにつなぐ。また、そのようにつながったようす。

解説 数珠《じゅず》玉《だま》を一本の糸につなげて通したようすから。

使い方 遊園地の駐車場《ちゅうしゃじょう》に入るのに、車が**数珠《じゅず》つなぎ**になっている。

数珠《じゅず》

上《じょう》手《ず》の手から水がもる

ことわざ

意味 いくら上手《じょうず》な人でも、失敗《しっぱい》することがある。

解説 水がもるのを失敗《しっぱい》にたとえた。「上手《じょうず》の手から水がもれる」ともいう。

使い方 **上手《じょうず》の手から水がもる**で、コーチがシュートをはずした。

【似た意味の言葉】かっぱの川流れ ⬇49ページ、弘法《こうぼう》にも筆《ふで》のあやまり ⬇58ページ、猿《さる》も木から落ちる ⬇63ページ

順風《じゅんぷう》（追い風）は船の後ろからふいてきて、船を前に進めてくれるよ。

順《じゅん》風《ぷう》満《まん》帆《ぱん》

四字熟語

意味 ものごとがとても順調《じゅんちょう》に進んでいる。

解説 「順風《じゅんぷう》」は船の進む方向にふく風、追い風。順風《じゅんぷう》を帆《ほ》いっぱいに受けて、順調《じゅんちょう》に船が進むようすから。

使い方 新しくできたお店は**順風《じゅんぷう》満帆《まんぱん》**のスタートだ。

【似た意味の言葉】順風《じゅんぷう》に帆《ほ》を上げる

触《しょく》手《しゅ》をのばす

慣用句

意味 ほしいものを手に入れようとして、近づく。

解説 「触手《しょくしゅ》」は、クラゲやイソギンチャクなどにある突起《とっき》。触手《しょくしゅ》をのばしエサをつかまえたり、ものをさぐったりすることから。よくない意味で使われることが多い。

使い方 うまいもうけ話に**触手《しょくしゅ》をのばし**始めた。

まめ知識

イソギンチャクとクマノミ

イソギンチャクの触手《しょくしゅ》には毒《どく》があり、その毒《どく》で動けなくした魚などをエサにしている。けれど、クマノミは触手《しょくしゅ》にふれても平気なんだ。幼魚《ようぎょ》のときから触手《しょくしゅ》にふれていることで、毒《どく》に対する免疫《めんえき》ができるんだって。触手《しょくしゅ》の中にいるとほかの動物から身を守ることができて安心なんだよ。

触手《しょくしゅ》

知らぬが仏《ほとけ》

ことわざ

意味 知ったらおこるようなことでも、知らなければ平気でいられる。また、本当のことを知らないで、のんきにしている人。

解説 知らなければ仏様《ほとけさま》のように、おだやかで静《しず》かな心だということから。

使い方 妹のおやつも食べてしまったことは、ないしょにしよう。**知らぬが仏《ほとけ》**だ。

長く修行《しゅぎょう》をして、心はいつもおだやかだよ。

白《しら》羽《は》の矢が立つ

慣用句

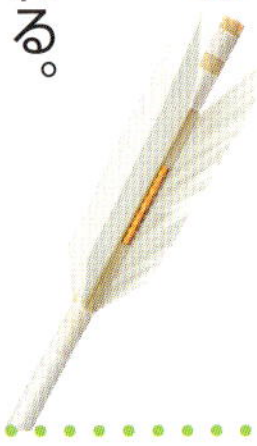

意味 たくさんの中から選《えら》び出される。

解説 神様に供《そな》え物としてささげる少女の家に、目印《めじるし》として白羽《しらは》の矢が立てられたという言い伝《つた》えから。もとは犠牲者《ぎせいしゃ》が選《えら》び出されるという意味だったが、最近《さいきん》はよい意味で使うことが多い。

使い方 学校の代表として、**白羽《しらは》の矢が立つ**のはだれだろう。

しり馬に乗る

慣用句

意味 何も考えずに、ほかの人のすることや言うことに調子を合わせ、いっしょになって行動する。

解説 ほかの人が乗っている馬のおしりに乗るということから。

使い方 **しり馬に乗って**さわいでいたら、みんなまとめてしかられた。

【似た意味の言葉】付和雷同《ふわらいどう》 ⬇111ページ

四《し》六《ろく》時《じ》中《ちゅう》

慣用句

意味 一日中、いつも。

解説 「四六時《しろくじ》」は、四×六＝二十四時間（一日）のこと。昔は一日を十二刻《こく》（時）に分けていたので二×六＝十二時間で、「二六時中《にろくじちゅう》」といわれていた。

使い方 まだ小さい妹は、**四六時中《しろくじちゅう》**お母さんにくっついているらしい。

4《し》×6《ろく》
=24時間

針《しん》小《しょう》棒《ぼう》大《だい》

四字熟語

意味 ものごとを実際《じっさい》より大げさにいう。

解説 針《はり》のように小さなものごとを、ぼうのように大きくいうことから。

使い方 たいしたことはしていないのに、**針小棒大《しんしょうぼうだい》**に言われてはずかしい。

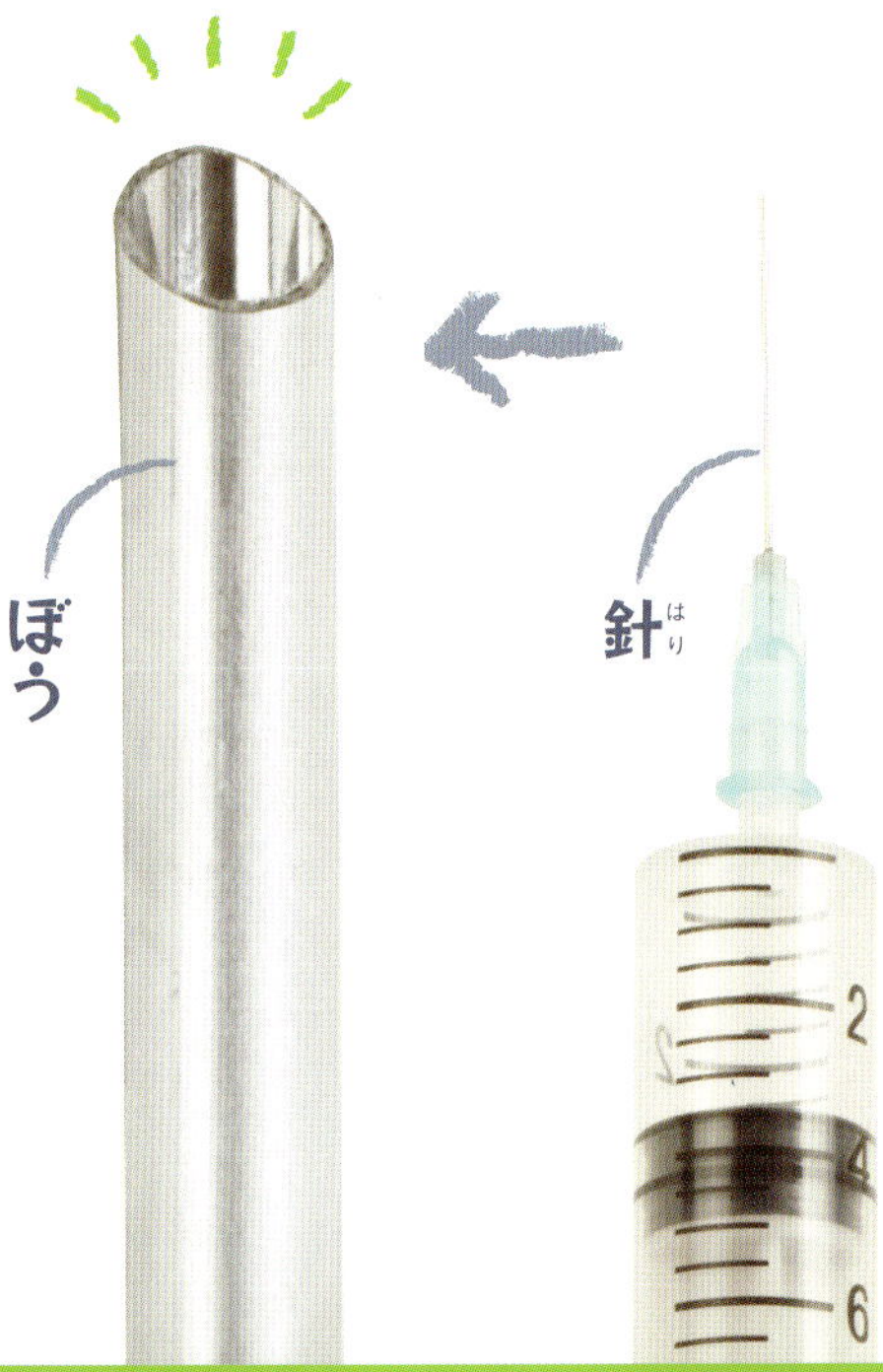
ぼう
針《はり》

人《じん》事《じ》をつくして天命を待つ

故事成語

意味 できるかぎりのことをして、そのあとは天にまかせて静《しず》かに結果《けっか》を待つ。

解説 「人事《じんじ》」は人間としてできること。「天命」は天からの命令、天から与《あた》えられたつとめ。

使い方 合格《ごうかく》発表までの間、くよくよしていてもしかたがない。**人事《じんじ》をつくして天命を待つ**だ。

魚は水がなければ生きられない。でも水ならなんでもいいというわけではないよ。川に住む魚もいれば、海に住む魚もいる。住みやすい水の温度も、魚によってちがうんだ。

水魚《すいぎょ》の交《まじ》わり

故事成語

意味 たがいになくてはならない、とても仲《なか》のよいつき合い。

解説 魚にとっての水のように、なくてはならない関係《かんけい》だということ。昔、中国の武将《ぶしょう》が仲間《なかま》に言った言葉から。

使い方 お父さんは、大学時代の親友とは**水魚《すいぎょ》の交《まじ》わり**だと言っている。

推敲《すいこう》

故事成語

意味 詩や文を書くときに、何度も読み直し、十分に考えてよりよいものにしていく。

解説 昔、中国の詩人が、詩の中の「推《お》す」という言葉を「敲《たた》く」にしたほうがいいかなやんだ末《すえ》、ほかの人に相談し「敲《たた》く」に直したという話から。

↓131ページ

使い方 **推敲《すいこう》**をかさねて書いた感想文。

すいもあまいもかみ分ける

ことわざ

意味 今までにいろいろな経験《けいけん》をしていて、人の気持ちや、世の中の事情《じじょう》がよくわかっている。

解説 すっぱいものと、あまいものと、かんで味のちがいをはっきり区別《くべつ》できるということから。

使い方 あの人は若《わか》いときに苦労《くろう》して、**すいもあまいもかみ分けている**。

すっぱい？
あまい？

杜《ず》撰《さん》 故事成語

意味 いいかげんで、まちがいが多い。

解説 「杜《ず》」は昔の中国の詩人「杜黙《ともく》」のこと。「撰《せん》」は詩や文を書くことで、杜黙《ともく》の撰《せん》は詩の規則《きそく》に合っていないものが多かったという話から。

使い方 こんな**杜《ず》撰《さん》**な計画では、うまくいくはずがないよ。

すずめ百までおどりわすれず ことわざ

意味 小さいときに身についたことや覚《おぼ》えたことは、年をとってもそのままだ。

解説 すずめは、おどるようにとびはねるしぐさを一生続《つづ》けることから。

使い方 **すずめ百までおどりわすれず**で、おじいちゃんはこま回しが上手《じょうず》だ。

【似た意味の言葉】三つ子のたましい百まで ⬇116ページ

まめ知識

人間と共存《きょうぞん》する鳥、すずめ

すずめは町の中でもよく見かける鳥。人間のくらすところにいるんだって。地面を移動《いどう》するときは、両足でとびはねる。その動きが、このことわざのもとになったんだね。食べ物は植物の種《たね》や虫。パンくずなども食べるよ。最近《さいきん》ではとても数がへっていて、心配されているんだ。

すずめのなみだ 慣用句

意味 とてもわずか、ほんの少し。

解説 小さなすずめが流すなみだほどの量《りょう》ということから。

使い方 ぼくのおこづかいは**すずめのなみだ**ほどだ。

図《ず》星《ぼし》を指す 慣用句

意味 ものごとや人の心をおしはかって、ひみつや考えをぴたりと言い当てる。

解説 「図《ず》星《ぼし》」は、弓の的《まと》の中心の黒い円。弓で矢を射《い》る時にこの場所をねらうことから。人から言われたことが、当たっていてその通りだった時にも図《ず》星《ぼし》という。

使い方 **図《ず》星《ぼし》を指され**て、とてもおどろいた。

中心に黒丸がかかれた的《まと》を星的《ほしまと》というよ。ほかにも、白と黒が交互《こうご》にぬられた霞的《かすみまと》や、四色に色分けされた得点的《とくてんまと》などがある。

住めば都《みやこ》 ことわざ

意味 どんな所でも、しばらく住んでいるうちになれて、そこがいちばん住みやすいと思うようになる。

解説 「都《みやこ》」は国の中心となるような、人が多くにぎやかな所。都《みやこ》は住みやすい場所ということから。

使い方 引っこし先の家はせまいけど、**住めば都《みやこ》**、きっとそのうちなれるだろう。

せきをあけると、水がいっきに流れ出すよ。

せ

せきを切る

慣用句

意味 おさえられていたものごとが、急にどっと動きだす。

解説 「せき」は川や湖などの水をせき止めるためのもの。せきがはずれて、水がいっきに流れ出すようすから。

使い方 帰ってきた弟は、**せきを切っ**たように話し始めた。

まめ知識

せきは何のためにつくられるの？

せきで水をためることで、飲料水《いんりょうすい》や工業用水として使ったり、水を分けて水路に流し農業に使ったりと、水をさまざまに利用《りよう》できる。川に流す水の量《りょう》を調節《ちょうせつ》し、水害《すいがい》をふせぐ役目のほかに、塩水《しおみず》が海から川に流れこむのをふせぐこともできる。いろいろな目的《もくてき》のために、せきはつくられるんだ。

晴《せい》耕《こう》雨《う》読《どく》

四字熟語

意味 都会からはなれ、世の中のできごとを気にせずにのんびりと静《しず》かに生活する。

解説 晴れの日には畑を耕《たがや》し、雨の日には本を読んでくらすような生活ということ。

使い方 退職後《たいしょくご》は**晴耕雨読**《せいこううどく》の生活をおくりたい、とお父さんは言っている。

【似た意味の言葉】悠悠自適《ゆうゆうじてき》

青《せい》天《てん》のへきれき

故事成語

意味 とつぜん起こった思わぬできごと、事件《じけん》。

解説 「へきれき」はかみなりのこと。晴れた空に、とつぜんかみなりの大きな音が鳴ることから。

使い方 引っこしで、転校しなくちゃいけないなんて、**青天**《せいてん》**のへきれき**だ。

【似た意味の言葉】足下《あしもと》から鳥が立つ ⬇30ページ、寝耳《ねみみ》に水 ⬇98ページ、やぶからぼう ⬇123ページ

さまざまな色や形のものがあるね。

千《せん》差《さ》万《ばん》別《べつ》

四字熟語

意味 いろいろ、さまざまなちがいがある。

解説 「千」も「万」も数がとても多いということ。「差《さ》」「別《べつ》」はちがいのこと。

使い方 世界では、**千《せん》差《さ》万《ばん》別《べつ》**の言葉が使われている。

【似た意味の言葉】十人《じゅうにん》十色《といろ》 ⬇66ページ、たで食う虫も好《す》き好《ず》き ⬇77ページ

船《せん》頭《どう》多くして船《ふね》山《やま》にのぼる

ことわざ

意味 指示《しじ》や命令《めいれい》をする人がたくさんいると、話がまとまらず、ものごとがうまく進まない。

解説 「船頭《せんどう》」は船をあやつる人。船頭《せんどう》が多くいて、それぞれがちがう指示《しじ》を出すと、船がとんでもないところに行ってしまうということから。

使い方 **船頭《せんどう》多くして船山《ふなやま》にのぼる**というから、この場を仕切るのはリーダーの君《きみ》にまかせよう。

善《ぜん》は急げ

ことわざ

意味 よいと思ったことは、ぐずぐずせずにすぐに行ったほうがいい。

解説 気が変《か》わったり、じゃまが入ったりしないうちに行ったほうがいいということから。

使い方 速く泳ぐ方法《ほうほう》を教わった。**善《ぜん》は急げ**、さっそく練習しよう。

【似た意味の言葉】思い立ったが吉日《きちじつ》

前《ぜん》門《もん》の虎《とら》後《こう》門《もん》のおおかみ

故事成語

意味 一つ悪いものごとからにげても、またすぐにほかの悪いものごとにあう。

解説 前の門で虎《とら》をふせいだら、今度は後ろの門からおおかみがあらわれたという昔の中国の話から。

使い方 学校で先生にしかられ、家に帰ってきたらお母さんにもしかられた。**前門《ぜんもん》の虎後門《とらこうもん》のおおかみ**だ。

【似た意味の言葉】一《いち》難《なん》去《さ》ってまた一難《いちなん》

千里《り》の道も一歩から

ことわざ

意味 とても大きな仕事も、まず手近なものごとから始まる。

解説 「里《り》」は昔の長さの単位《たんい》で、「千里《り》」はとても遠い道のり。どんなに長い旅も一歩から始まることから。「千里《り》の行《こう》も足下《そっか》に始まる」ともいう。

使い方 **千里《り》の道も一歩から**。まず、この十円を貯金《ちょきん》しよう。

そ

底《そこ》が知れない
慣用句

意味 かぎりがどこまでか、まったくわからない。

解説 とても深くて、その底《そこ》がまったくわからないことから。

使い方 サッカーをやっているお兄ちゃんの食欲《しょくよく》は、**底《そこ》が知れない**。

地下水をくみ上げるため、地面に深い穴《あな》をほったものが井戸《いど》。深い井戸《いど》だと、何十メートルも地面をほるんだって。上からのぞいても、底《そこ》はまったく見えないよ。

底《そこ》をつく
慣用句

意味 ❶貯《た》めておいたものが全部なくなる。❷ねだんが今までいちばん安くなる。

解説 「底《そこ》」はものごとのいちばん下の部分。底《そこ》に達《たっ》することから。

使い方 ❷キャベツのねだんが**底《そこ》をついた**。

米びつのお米が、底《そこ》をついてしまった……。

そなえあればうれいなし
ことわざ

意味 ふだんから準備《じゅんび》をしておけば、何か起こったときにも心配はない。

解説 「うれい」は心がすっきりしないこと、心配ごと。

使い方 **そなえあればうれいなし**。今は晴れているけれど、おりたたみのかさを持っていこう。

【似た意味の言葉】転ばぬ先のつえ ⬇61ページ

そろばんをはじく
慣用句

意味 自分にとって、そんになるのか得《とく》になるのか考える。

解説 そろばんを使って、計算をすることから。

使い方 お姉ちゃんは、どんなことも**そろばんをはじいて**から決める。

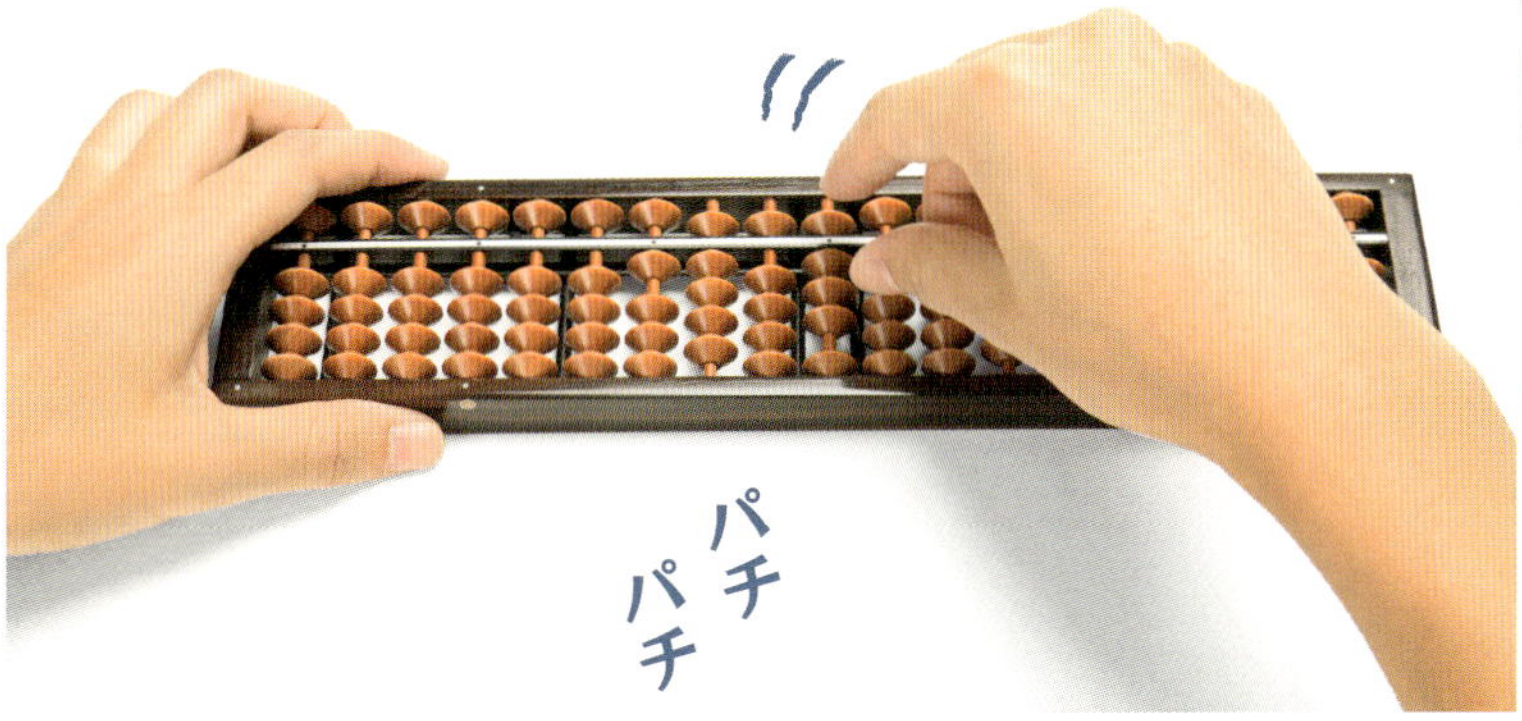
得《とく》かな、そんかな。
パチパチ

高ねの花

慣用句

意味 遠くから見ているだけで、自分には手のとどかないもの。ほど遠いもの。

解説 「高ね」は高い山。高い山にさく美しい花のようだということから。

使い方 あのマウンテンバイクは、弟には**高ねの花**だ。

まめ知識

高山《こうざん》植物コマクサ

高い山の上に育つ植物を高《こう》山《ざん》植物というよ。自然《しぜん》の環《かん》境《きょう》がきびしいので、あまり背《せ》の高い植物はない。写真の花は高山《こうざん》植物の女王といわれているコマクサ。

対《たい》岸《がん》の火事

慣用句

意味 自分にとっては痛《いた》くもかゆくもなく、関《かん》係《けい》がないものごと。

解説 川の向こう岸の火事は、こちらの岸には燃《も》えうつる心配がないことから。「川向こうの火事」ともいう。

使い方 外国で、大きな地震《じしん》が起こった。**対《たい》岸《がん》の火事**とは言っていられないよね。

大《たい》器《き》晩《ばん》成《せい》

故事成語

意味 本当に大物になる人は、時間をかけて実力をつけていって、やがて大きな成功《せいこう》を得《え》る。

解説 大きな器《うつわ》(鐘《かね》のようなもの)は、できあがるまでに時間がかかることから。

使い方 ぼくは**大《たい》器《き》晩《ばん》成《せい》**型《がた》なんだと思っている。

梵鐘《ぼんしょう》(お寺のつりがね)の製作《せいさく》

太鼓判《たいこばん》をおす
慣用句

意味 ぜったいにだいじょうぶだ、いいものだとせきにんをもつ。

解説 ものを保証《ほしょう》するときにはんこをおすことから。「太鼓判《たいこばん》」は太鼓《たいこ》のように大きなはんこ。

使い方 その実力は、かんとくに**太鼓判《たいこばん》をおされて**いる。

まめ知識

巨大《きょだい》はんこを発見！
山梨《やまなし》県にはんこの生産《せいさん》がさかんな六郷《ろくごう》という町がある。これは地元に住む約《やく》五十人の職《しょく》人《にん》さんがほってつくったはんこで、文字の面が二×二メートル、高さが三メートル、重さが約《やく》三トンもあるよ。「不動如山《ふどうにょざん》(動かざることと山のごとし)」ときざまれている。クレーンで持ち上げ、バケツ五はい分の朱《しゅ》肉《にく》を使って、たたみ二まい分の半紙におすんだって。

大山鳴動《たいざんめいどう》してねずみ一ぴき
ことわざ

意味 大さわぎをしていたのに、結果《けっか》はとても小さなことだった。

解説 大きな山が音を立てて動くので、何が起こるのかと見ていたら、ねずみが一ぴき出てきただけだったという話から。「大山《たいざん》」は「泰山《たいざん》」とも書く。

使い方 おじいちゃんの家で有名な画家の絵が見つかって大さわぎしたけれど、鑑定《かんてい》してみたら**大山鳴動《たいざんめいどう》してねずみ一ぴき**で、にせものだった。

大同小異《だいどうしょうい》
故事成語

意味 小さなところはちがっているけれど、全体で見ればだいたい同じ。

解説 「大同《だいどう》」はだいたい同じ、「小《しょう》異《い》」は小さなちがいということ。

使い方 二人の意見は**大同小異《だいどうしょうい》**だ。

【似た意味の言葉】五十歩百歩《ごじっぽひゃっぽ》 ⬇60ページ、どんぐりのせいくらべ ⬇91ページ

たいの尾《お》よりいわしの頭
ことわざ

意味 大きな集団《しゅうだん》で人にしたがうより、小さな集団《しゅうだん》でも人の上に立つほうがいい。

解説 たいを大きな集団《しゅうだん》、いわしを小さな集団《しゅうだん》にたとえた言葉。

使い方 強い野球チームの補《ほ》欠《けっ》選手《せんしゅ》ではなく、近所のチームでレギュラーをめざすことにした。**たいの尾《お》よりいわしの頭**だ。

【似た意味の言葉】鶏口《けいこう》となるも牛後《ぎゅうご》となるなかれ ⬇57ページ

【反対の意味の言葉】よらば大樹《たいじゅ》のかげ ⬇125ページ

大は小をかねる
故事成語

意味 大きいものは、小さいものの代わりとして利用《りよう》することもできる。

解説 「かねる」は、一つのものが二つ以上《いじょう》の役割《やくわり》をするということ。

使い方 **大は小をかねる**というから、大きめのかばんを持っていこう。

【反対の意味の言葉】しゃくしは耳かきにならず

たががゆるむ 慣用句

意味 きんちょうがとけたり年をとったりして、気持ちがゆるむ、まとまりがなくなる。

解説 「たが」は、たるやおけの外側《そとがわ》にはめて、板をしめる輪《わ》。たががゆるむと、水がもったり板がばらばらになったりする。

使い方 夏休みは、**たががゆるんだ**生活になってしまう。

たが

竹をわったよう 慣用句

意味 さっぱりしていて、曲がった考えがない、まっすぐな性格《せいかく》。

解説 竹をわると、スパッとまっすぐにわれることから。

使い方 あの子は**竹をわったよう**な性格《せいかく》で、つき合いやすい。

竹はたてに真っすぐすじが通っているので、なたなどを使ってはじめのふしに切りこみを入れると、下までまっすぐわれていくよ。竹の先から根元に向かってわると、きれいにわれるんだって。
まっすぐ!

宝《たから》の持ちぐされ ことわざ

意味 とても役に立つものや、すばらしい力をもったものなのに、うまく使えていない。

解説 宝《たから》を持っていても、しまいこんだままで使わずにむだにしてしまうということから。

使い方 機能《きのう》の多いパソコンを買っても、使いこなせなければ**宝《たから》の持ちぐされ**だ。

他《た》山《ざん》の石 故事成語

意味 自分をみがくために、役に立ち参考《さんこう》になる、ほかの人のよくない行いや言葉。

解説 よその山のつまらない石でも、自分の宝石をみがくための石として役に立つことがあるから。

使い方 妹の失敗《しっぱい》を**他《た》山《ざん》の石**としよう。

【似た意味の言葉】人のふり見てわがふり直せ ↓108ページ

蛇《だ》足《そく》 故事成語

意味 つけ加《くわ》える必要《ひつよう》のないよけいなもの。むだなもの。

解説 「蛇《だ》足《そく》」はへびの足のこと。何人かでへびの絵を速くかく競《きょう》争《そう》をしたところ、いちばん早くかけた人が、時間があるからといってへびに足までかいて見せたが、それはへびではないと言われて競《きょう》争《そう》に負けた、という昔の中国の話から。

使い方 **蛇《だ》足《そく》**だけれど、と言って先生がおもしろい話をしてくれた。

へびに足は必要《ひつよう》ないね。

畳《たたみ》の上の水練《すいれん》

ことわざ

意味　方法《ほうほう》やりくつは知っていても、実際《じっさい》の練習はしていないので、役に立たない。

解説　「水練《すいれん》」は泳ぎの練習。畳《たたみ》の上で泳ぎの練習をすることから。「畳水練《たたみすいれん》」「畑水練《はたけすいれん》」ともいう。

使い方　いくら本で走り方を研究しても、実際《じっさい》に走ってみなければ**畳《たたみ》の上の水練《すいれん》**だ。

【似た意味の言葉】机上《きじょう》の空論《くうろん》 ⬇52ページ

立つ鳥あとをにごさず

ことわざ

意味　そこから立ち去る人は、あとが見苦しくないようきれいにしておくべきだ。引きぎわのよいこと、いさぎよいことのたとえ。

解説　水鳥は飛《と》び立つときに、あとの水をにごさないということから。「飛《と》ぶ鳥あとをにごさず」ともいう。

使い方　**立つ鳥あとをにごさず**。ごみはそれぞれ持ち帰ろう。

水面から飛《と》び立つとき、白鳥やうは助走《じょそう》しないと飛《と》べないけれど、マガモは水面からすぐに飛べるよ。

立て板に水

ことわざ

意味　すらすらと流れるように話す。話し方がなめらか。

解説　立てかけた板に水を流すと、とまることなくさらさらと流れていくようすから。

使い方　委員長の話し方は**立て板に水**で、説得力《せっとくりょく》がある。

【反対の意味の言葉】横板に雨だれ

「横板に雨だれ」では、水は流れずにたまってしまう。つっかえつっかえ話すようすを意味しているよ。

たで食う虫も好《す》き好《ず》き

ことわざ

意味　人によって、好《す》きなものはさまざまだ。

解説　たでの葉はからいけれど、それを好《この》んで食べる虫もいるということから。ここでは「やなぎたで」という種類《しゅるい》のたでをさす。

使い方　とかげがかわいいなんて、**たで食う虫も好《す》き好《ず》き**だね。

まめ知識

お刺身《さしみ》の定番「紅《べに》たで」

ことわざではおいしくないようなイメージの「たで」だけど、「紅《べに》たで」という種類《しゅるい》は、お刺身《さしみ》のツマとしてよく見かけるよ。ぴりっとしたからさが魚のくさみを消してくれるんだ。

たなからぼたもち

ことわざ

意味 思いもよらない幸運にめぐりあう。

解説 たなの下に寝《ね》ていたら、ぼたもちが落ちてきて、開けていた口に入るということから。「たなぼた」ともいう。

使い方 急用ができたからといって、お兄ちゃんがコンサートのチケットをゆずってくれた。**たなからぼたもち**だ。

たなに上げる

慣用句

意味 自分にとって都合《つごう》の悪いことにはふれないで、知らん顔をする。

解説 たなにものを上げてしまって、さわらないということから。

使い方 お母さんもよくわすれるのに、自分のことは**たなに上げて**、人にばかり注意する。

他人行儀《たにんぎょうぎ》

四字熟語

意味 ほんとうは親しいのに、よそよそしい態度《たいど》をとる。

解説 まったく知らない人に対する態度《たいど》のようだということから。

使い方 同じ部活でもう二年もチームを組んでいるのに、あいつは**他人行儀《たにんぎょうぎ》**なあいさつをする。

たのみのつな

慣用句

意味 たよりにしている人やものごと。

解説 たよりにして、つかまるつなにたとえて。

使い方 まよったら、この地図だけが**たのみのつな**だ。

旅は道連《づ》れ世は情《なさ》け

ことわざ

意味 旅をするときは道連《づ》れがいるほうが心強いように、世の中を生きていくにも、おたがいに思いやりをもち、いたわり合うことが大切だ。

解説 世の中を生きていくのに大切なことを、旅をするのに大切なことにたとえた。

使い方 **旅は道連《づ》れ世は情《なさ》け**、出会った友達《ともだち》とは仲《なか》よくしよう。

玉にきず

ことわざ

意味 それさえなければ完全《かんぜん》でりっぱなのに、ほんの少しだけ欠点《けってん》がある。

解説 「玉」は宝石《ほうせき》のこと。りっぱな美しい宝石《ほうせき》にわずかなきずがついているということから。

使い方 いい子だけど、おしゃべりなのが**玉にきず**だ。

玉みがかざれば光なし

ことわざ

意味 生まれつきすぐれた才能《さいのう》をもった人でも、自分をみがかなければ、りっぱな人物にはなれない。

解説 宝石《ほうせき》もみがかなければ、美しく光らないことから。

使い方 **玉みがかざれば光なし**、声がきれいなだけじゃ、歌手にはなれない。

【似た意味の言葉】玉みがかざれば器《うつわ》とならず

水晶《すいしょう》の原石《げんせき》

みがいた水晶《すいしょう》

玉虫色《たまむしいろ》

慣用句

意味 見方によって、いろいろに受け取れる、言葉や文などのあいまいな表現《ひょうげん》。

解説 玉虫の羽が、光の具合によって緑やむらさきなど、いろいろな色に見えることから。

使い方 **玉虫色《たまむしいろ》**の結末《けつまつ》で、すっきりしない。

虫を食べる鳥は、色が変わるものをこわがるという。玉虫の美しい羽の色は、鳥から身を守るために役立っているんだね。

まめ知識

美しい宝石《ほうせき》になるまで

みがく前の宝石《ほうせき》を原石《げんせき》というよ。自然《しぜん》のものだから、同じ宝石《ほうせき》でも原石《げんせき》の色や形やきずなどは、それぞれみんなちがう。その特《とく》徴《ちょう》をよく見て、それに合わせてていねいにみがき、そのあときれいな形にカットして、美しくかがやく宝石《ほうせき》になるんだね。

だめをおす

慣用句

意味 ❶よくわかっていることを、さらにもう一度たしかめる。❷勝負で、勝ちを決定的《けっていてき》にする。

解説 「だめ」は囲碁《いご》でどちらのものにもならない目。勝負の最後《さいご》に、そこに石を置《お》いておたがいの陣地《じんち》をはっきりさせることから。

使い方 ❶宿題をやってくるようにと、先生に何度も**だめをおされた**。

【似た意味の言葉】念《ねん》をおす

朝《ちょう》三《さん》暮《ぼ》四《し》

故事成語

意味 目の前のちがいに気をとられて、結局《けっきょく》は同じになることに気がつかない。また、そのようなうまい言葉や方法《ほうほう》で人をだます。

解説 猿《さる》に、えさのとちの実をやるのに「朝に三つ、夕方四つやる」と言ったら「少ない」とおこるので、「朝に四つ、夕方三つ」と言ったら喜《よろこ》んだという、昔の中国の話から。

使い方 **朝《ちょう》三《さん》暮《ぼ》四《し》**で、お姉ちゃんにうまくごまかされたような気がする。

まめ知識

人間も好《す》きなとちの実

とちの実は、トチノキの実のこと。デンプンやタンパク質《しつ》などの栄養《えいよう》を多くふくんでいるので、山の動物たちはもちろん、昔から人間も食べてきたよ。今でも、とちもちなどのお菓子《かし》を作る材料《ざいりょう》として使われている。

竹《ち》馬《く》の友《ば》

故事成語

意味 子どものころ仲《なか》よくしていた人。おさななじみ。

解説 小さいころに、竹馬《たけうま》に乗って遊んだ友達《ともだち》ということから。⬇131ページ

使い方 ひさしぶりに**竹馬《ちくば》の友**に会って、昔を思い出した。

血のにじむよう

慣用句

意味 ふつうではないほど、とても苦しんで、努《ど》力《りょく》する。

解説 血がにじみ出てくるくらいということ。「血の出るよう」ともいう。

使い方 毎日**血のにじむよう**な練習を続《つづ》けて、とうとう優勝《ゆうしょう》した。

忠《ちゅう》言《げん》耳にさからう

故事成語

意味 ためになる忠告《ちゅうこく》の言葉ほど、いやな気持ちになり、素直《すなお》には聞けない。

解説 「忠言《ちゅうげん》」は相手のために欠点《けってん》を忠告《ちゅうこく》する言葉。「耳にさからう」は聞いて気分悪く感じること。

使い方 言われた通りなのに、**忠言《ちゅうげん》耳にさからう**で、「はい」と返事ができなかった。

【似た意味の言葉】良薬《りょうやく》は口に苦《にが》し ⬇126ページ

ちょうちんにつりがね

わことざ

意味 まったくつり合わない、くらべものにならない。

解説 ちょうちんとつりがねは、形はよく似《に》ているけれど、大きさや重さがまったくちがうことから。

使い方 あのコンビは**ちょうちんにつりがね**だけど、おもしろい。

【似た意味の言葉】雲泥《うんでい》の差《さ》 ⬇41ページ、月とすっぽん ⬇82ページ

ちょうちん
竹ひごと紙でできた、明かりをともす道具。家ののき下につるしたり、夜道を歩くときに手で持ったりして使うよ。

つりがね
お寺などにあり、青銅《せいどう》でできていてとても重い。撞木《しゅもく》という道具を使って、外側《そとがわ》から側面《そくめん》をたたいて音を鳴らすよ。

朝令暮改《ちょうれいぼかい》

故事成語

意味 命令《めいれい》や規則《きそく》、めざす方向などがすぐに変《か》わってしまい、安定しない。

解説 朝出した命令《めいれい》を、夕方にはもうあらためるということから。「朝改暮変《ちょうかいぼへん》」ともいう。

使い方 リーダーの言うことが**朝令暮改《ちょうれいぼかい》**では、みんなこまってしまう。

猪突猛進《ちょとつもうしん》

四字熟語

意味 まわりのことや、あと先のことは考えず、一つのことに向かって、ものすごいいきおいでつき進む。

解説 イノシシが、ものすごいいきおいで一直線に突進《とっしん》するようすから。

使い方 目標《もくひょう》に向かって**猪突猛進《ちょとつもうしん》**するぞ。

まめ知識

イノシシは用心深い動物

イノシシはとても神経質《しんけいしつ》で用心深い。だから見なれないものに出会うと、自分を守るために、ものすごいいきおいで走って体当たりするんだ。体が重くスピードが速いうえ、きばが生えているため、おそわれると人間の大人《おとな》でも大けがをしてしまうよ。

ちりも積《つ》もれば山となる

わことざ

意味 とてもわずかなことでも、たくさん積《つ》みかさなれば大きなものになる。

解説 ちりのようなものでも、積《つ》もれば山のように高くなるということから。

使い方 **ちりも積《つ》もれば山となる**。今日から毎日五分ずつ漢字の勉強をしよう。

【似た意味の言葉】雨だれ石をうがつ ⬇33ページ

月にむら雲、花に風

ことわざ

意味　世の中のよいことには、何かとじゃまが入りやすい。

解説　「むら雲」はむれになった雲。月を見ようとすれば雲がかかり、花を見ようとすれば風がふいて散《ち》らすということから。

使い方　今日は遠足なのに雨なんて、**月にむら雲、花に風**だ。

【似た意味の言葉】花に嵐《あらし》、好事《こうじ》魔《ま》多し

月とすっぽん

ことわざ

意味　似《に》ているようで、くらべものにならないほどかけはなれている。

解説　月も、すっぽんのこうらも同じように丸いけれど、二つのちがいはとても大きいことから。

使い方　いくらまねして歌っても、あの歌手とわたしでは**月とすっぽん**だ。

【似た意味の言葉】雲泥《うんでい》の差《さ》 ↓41ページ、ちょうちんにつりがね ↓81ページ

月夜にちょうちん

ことわざ

意味　まったく必要《ひつよう》がない。むだだ。

解説　月が明るい夜には、ちょうちんの明かりは必要《ひつよう》がないことから。

使い方　今日は一日中晴れの予報《よほう》。かさを持って行くなんて、**月夜にちょうちん**だよ。

つぶがそろう
句用慣

意味 すぐれたもの、質《しつ》の高いものがそろっている。

解説 同じような大きさ、質《しつ》のものが集まっているということ。よい意味で使う言葉。

使い方 今年、チームに入ってきた一年生は**つぶがそろっている**。

【似た意味の言葉】つぶぞろい

つぶのそろった、
おいしそうな
ぶどうだね。

つむじを曲げる
句用慣

意味 気分を悪くして言うことをきかない。ひねくれて、わざとさからう。

解説 「つむじ」は、かみの毛がうずをまいている部分。

使い方 妹はおこられるとすぐに**つむじを曲げて、**口もきかない。

【似た意味の言葉】へそを曲げる

つめのあかをせんじて飲む
わこざと

意味 とてもすぐれた人を見習い、その人のようになりたいと願《ねが》う。

解説 すぐれた人のものなら、つめのあかのようなものでも薬として飲んで見習おう、という意味。「せんじる」は薬草をにて、成分《せいぶん》を取り出すこと。

使い方 あの子はすなおでよくお手伝《てつだ》いをするから、**つめのあかをせんじて飲む**といいと言われた。

面《つら》の皮があつい
句用慣

意味 ずうずうしくて、えんりょがなく、はずかしいことをはずかしいとも思わない。

解説 「面《つら》」は顔。顔の表面の皮があついということから。

使い方 兄のぼくに宿題を手伝《てつだ》えだなんて、弟は**面《つら》の皮《かわ》があつい。**

【似た意味の言葉】厚顔無恥《こうがんむち》

鶴《つる》は千年亀《かめ》は万年
わこざと

意味 長生きで、おめでたいこと。

解説 中国の伝説《でんせつ》で、鶴《つる》は千年生きる、亀《かめ》は一万年生きるといわれることから。

使い方 **鶴《つる》は千年亀《かめ》は万年、**おばあちゃんも長生きしてほしいな。

鶴《つる》
亀《かめ》

まめ知識

本当の寿命《じゅみょう》は？

実際《じっさい》の鶴《つる》や亀《かめ》は、さすがに千年、万年は生きられない。大きな亀《かめ》の中には百年以上《いじょう》生きるものもいるけれど、野生ではほとんどの亀《かめ》が三十～五十年くらい、鶴《つる》が二十～三十年くらいの寿命《じゅみょう》だよ。

てこでも動かない

慣用句

意味 どんなことがあってもそこから動かない、また、自分の考えを変《か》えない。

解説 「てこ」は小さな力で重いものを動かすしくみ。てこを使っても動かないということから。

使い方 がんこなおじいちゃんは、一度決めたら**てこでも動かない**。

手ぐすねを引く

慣用句

意味 しっかり準備《じゅんび》をして待ちかまえる。

解説 弓を持つ手がすべらないように、手にくすねをつけるということから。「くすね」は、弓のつるを強くするためにぬる、松《まつ》ヤニを油でにてねりまぜたもの。粘着力《ねんちゃくりょく》が強い。

使い方 こんどは負けないぞと、ゲームを用意し、**手ぐすねを引いて**弟を待っている。

手塩《てしお》にかける

慣用句

意味 自分の手でいろいろと世話をし、めんどうをみて、大切に育てる。

解説 「手塩《てしお》」は食卓《しょくたく》に置《お》く塩。自分の手で塩《しお》をかけて味つけをすることから、自分でめんどうをみることをいうようになった。

使い方 **手塩《てしお》にかけて**育てた朝顔がきれいにさいた。

て

鉄は熱《あつ》いうちに打て

ことわざ

意味 ❶人は、頭や心がやわらかい若《わか》いうちにきたえたほうがいい。❷ものごとはみんなのやる気のあるうちに始めるのがいい。

解説 鉄でものをつくるときには、熱《ねっ》して、やわらかくなっているうちに打つことから。

使い方 ❶**鉄は熱《あつ》いうちに打て**で、子どもに三歳《さい》からピアノを習わせている。

鉄は熱《あつ》いときに打つと、あとでかたく強くなるんだって。熱《あつ》くてやわらかいうちなら、形も整《ととの》えやすいよ。

手にあせをにぎる

慣用句

意味 あぶない場面や、はげしい競争《きょうそう》を見たり聞いたりして、はらはら、どきどきする。

解説 きんちょうしたり、こうふんしたりすると、手の平《ひら》にあせをかくことから。「手にあせにぎる」ともいう。

使い方 点をとったり、とられたり、**手にあせをにぎる**試合《しあい》だ。

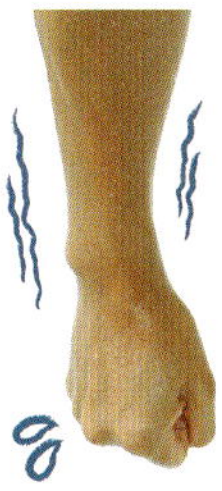

出ばなをくじく

慣用句

意味 何かを始めようとしている相手のじゃまをし、やる気をなくさせる。

解説 「出ばな」は、出たとたん、また、ものごとのやり始めの時期。「出ばなを折《お》る」ともいう。

使い方 張《は》り切ってマウンドに上がったのに、一回の表でホームランを打たれ、**出ばなをくじかれた。**

【似た意味の言葉】機先《きせん》を制《せい》する

手前みそ

慣用句

意味 自分で自分のことをほめる。

解説 自分の家でつくったみその味をじまんすることから。

使い方 **手前みそ**だけど、ぼくは泳ぎが得意《とくい》だ。

【似た意味の言葉】自画自賛《じがじさん》

⬇64ページ

この味！この色！

やっぱりうちでつくったみそが一番！

手も足も出ない

慣用句

意味 力が足りなくてどうすることもできない。できる方法《ほうほう》がない。

解説 手や足を出すこともできないほど、何もできないということ。

使い方 今日のテストはとてもむずかしくて、**手も足も出なかった。**

出るくいは打たれる

ことわざ

意味 ❶人よりすぐれている人、目立つ人は、人からにくまれることが多い。❷よけいなことをする人は、人からせめられる。

解説 ほかのくいより高く出たくいは、まわりのくいと高さをそろえるために、たたかれるということから。

使い方 ❷**出るくいは打たれる**というから、みんなと同じようにおとなしくしていよう。

手を焼《や》く

慣用句

意味 どうあつかっていいかわからずにこまる。

解説 「焼《や》く」には、気をつかう、気をくばるなどの意味がある。

使い方 妹のわがままぶりには、お母さんも**手を焼《や》いて**いる。

【似た意味の言葉】てこずる

天《てん》狗《ぐ》になる

慣用句

意味 得意《とくい》になってじまんする。自分がすぐれていると思いこむ。

解説 天《てん》狗《ぐ》のように鼻を高くするということから。「鼻を高くする」には得意《とくい》になるという意味がある。

使い方 コンクールで一位《いちい》になったからといって、**天《てん》狗《ぐ》になって**はいけない。

天高く馬こゆる秋

慣用句

意味 秋は、さわやかでとてもいい季節《きせつ》だ。

解説 秋は空が高く晴れわたり、馬はよく食べ、太ってたくましくなるということから。

使い方 **天高く馬こゆる秋**。今日も空がきれいで気持ちがいいね。

もぐもぐもぐ……
食よくがとまらないぞ。

天は二《に》物《ぶつ》をあたえず

ことわざ

意味 一人でいくつもの才能《さいのう》や長所をもっている人はいない。

解説 「二《に》物《ぶつ》」は二つの才能《さいのう》、長所。神様は一人の人間にいいところをいくつもあたえないということから。

使い方 あいつはサッカーの天才だけど、泳げない。**天は二《に》物《ぶつ》をあたえず**だ。

てんびんにかける

慣用句

意味 どちらがいいか、どちらが得《とく》か、二つのものを見くらべる。

解説 てんびんを使って重さをはかるようすから。

使い方 地元《じもと》のチームと有名なクラブチームを**てんびんにかけて**、どちらのサッカーチームに入るか決める。

【似た意味の言葉】はかりにかける

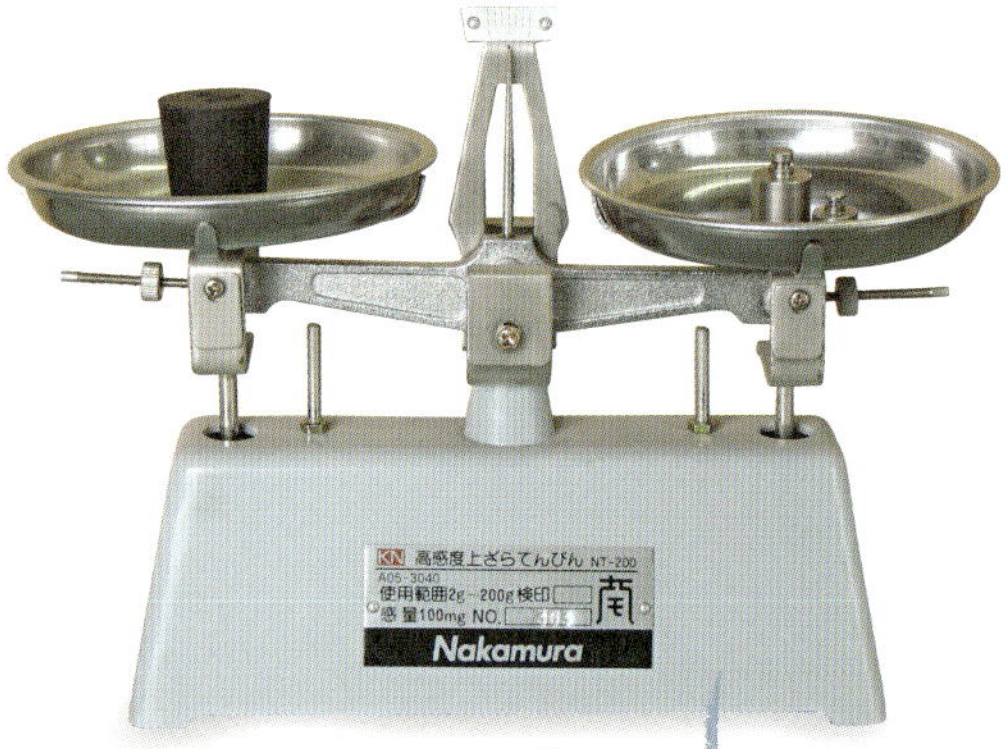

一方のお皿に重さをはかりたいもの、もう一方に「分《ふん》銅《どう》」を乗せる。つり合いをとることで重さがわかるよ。

と

手ごたえなし……。
ズボッ

とうふにかすがい

ことわざ

意味 何を言っても手ごたえがなく、まったくききめがない。

解説 「かすがい」は材木《ざいもく》と材木《ざいもく》をつなぎとめるためのくぎ。とうふはやわらかくて、かすがいを打ちこんでも、まったく効果《こうか》がないことから。

使い方 ゲームに夢中《むちゅう》になっている弟にいくらかたづけなさいと言っても、**とうふにかすがい**だ。

【似た意味の言葉】ぬかにくぎ ⬇96ページ、のれんにうでおし ⬇101ページ

まめ知識

かすがいは何に使うもの？

かすがいは、木造《もくぞう》の家の土台づくりなどに使われている。ホッチキスのはりのようにコの字の形をしていて、つなぐ材木《ざいもく》それぞれに両側《りょうがわ》のとがった部分を打ちこんで固定《こてい》するよ。

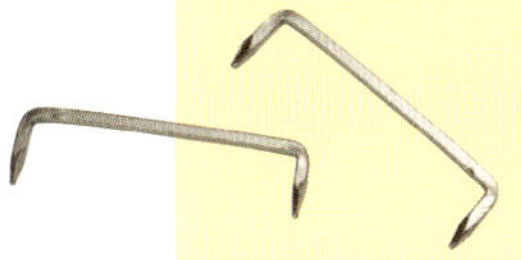

頭角《とうかく》をあらわす

故事成語

意味 才能《さいのう》や知識《ちしき》、技術《ぎじゅつ》などが、ほかの人より目立ってすぐれていることが明らかになる。

解説 「頭角《とうかく》」は頭の先。おおぜいの中でほかの人より頭の先を出しているということから。

使い方 ピッチャーになって、めきめきと**頭角《とうかく》をあらわしてきた。**

とうげをこす

慣用句

意味 ものごとのいきおいが最高《さいこう》の時期や、いちばん危険《きけん》な時期がすぎ、落ち着いてくる。

解説 「とうげ」は山の坂道をのぼりきったところ。ものごとのいきおいが、いちばんさかんな時期もあらわす。

使い方 暑さも**とうげをこして**、これからすずしくなるって。

【似た意味の言葉】山をこす

とうげ

灯台《とうだい》もと暗し

わざこと

意味 身近なことは、かえって気がつきにくい。

解説 「灯台《とうだい》」は、部屋の中で使う昔の照明器具《しょうめいきぐ》。周囲《しゅうい》を明るくするが、灯台《とうだい》の下はかげになって暗いことから。

使い方 部屋中さがしても見つからなかったのに、**灯台《とうだい》もと暗し**で、プリントはつくえの上にあった。

まめ知識

海にある〝灯台《とうだい》〟ではない

灯台《とうだい》というと、港などで船に陸《りく》の場所を教える、建物《たてもの》の灯台《とうだい》を思いうかべる人が多いかもしれないね。でも、このことわざに出てくる灯台《とうだい》は、電気がなかったころの照明《しょうめい》器具《きぐ》のこと。昔の人は台の上のお皿に油を入れ、火をつけて明かりにしていたんだ。

登竜門《とうりゅうもん》

故事成語

意味 通るのはむずかしいけれど、成功《せいこう》して、高い地位《ちい》や名声《めいせい》を得《え》るためには、通らなければならないところ。

解説 中国《ちゅうごく》の黄河《こうが》という川に、「竜門《りゅうもん》」といわれる流れの急《きゅう》な場所がある。そこを登った鯉《こい》は竜《りゅう》になるという伝説《でんせつ》から。

使い方 この大会は、プロ選手《せんしゅ》になるための**登竜門《とうりゅうもん》**だ。

大分県《おおいた》にある竜門《りゅうもん》の滝《たき》。昔、えらいお坊《ぼう》さんが、中国《ちゅうごく》の竜門《りゅうもん》に似《に》ているといって、この名前をつけたんだって。

とうろうのおの

故事成語

意味 力の弱いものが、自分の力も考えずに強い者に向かっていく。

解説 「とうろう」はかまきりのこと。かまきりが、おのに似《に》た前あしをふり上げて大きな車を止めようとしたという、昔の中国の話から。⬇131ページ

使い方 あの強いチームと試合《しあい》をするなんて、**とうろうのおの**だ。

【似た意味の言葉】ごまめの歯ぎしり ⬇60ページ

かまきりは、前あしを上げてえものをいかくする。ここでは「力の弱い者」としてたとえられているけれど、じっさいは自分より体の大きな虫や、かえる、とかげまで食べてしまうこともあるんだよ。

遠くの親類《しんるい》より近くの他人

わざこと

意味 いざというときは、遠くにいたり、つき合いがあまりなかったりする親類《しんるい》より、近くに住んでいて親しくしている他人の方がたよりになる。

解説 「遠い親《しん》せきより近くの他人」ともいう。

使い方 こまっていたら、近所の人が助けてくれた。**遠くの親類《しんるい》より近くの他人**だ。

【似た意味の言葉】遠水《えんすい》は近火《きんか》を救《すく》わず

とかげのしっぽ切り

慣用句

意味 都合《つごう》の悪いものごとのせきにんを地位《ちい》の低《ひく》い人におしつけ、えらい人たちがそのせきにんからにげる。

解説 とかげは、つかまえられそうになると自分のしっぽを切ってにげることから。

使い方 **とかげのしっぽ切り**で、弟のせいにしようとしたら、見つかってよけいにおこられた。

なるべくなら切りたくないんだよ。

とかげのしっぽは、切れても一度はまた生えてくる。だけど新しくなったしっぽは、もう切ることができないんだって。

とどのつまり

ことわざ

意味 いろいろやってみた最後《さいご》。結局《けっきょく》。

解説 ボラという魚は大きくなるとともに名前が変《か》わり、最後《さいご》は「トド」という名前になることから。

使い方 **とどのつまり**、宿題は間に合わなかった。

【似た意味の言葉】挙《あげ》句《く》の果《は》て ➡30ページ

まめ知識

次つぎと名前の変《か》わる出世魚《しゅっせうお》

ボラのように大きくなると名前が変《か》わる魚を「出世魚《しゅっせうお》」という。ブリやスズキも出世魚《しゅっせうお》。えんぎのいい魚として、お祝《いわ》いの料理《りょうり》などに使われるよ。

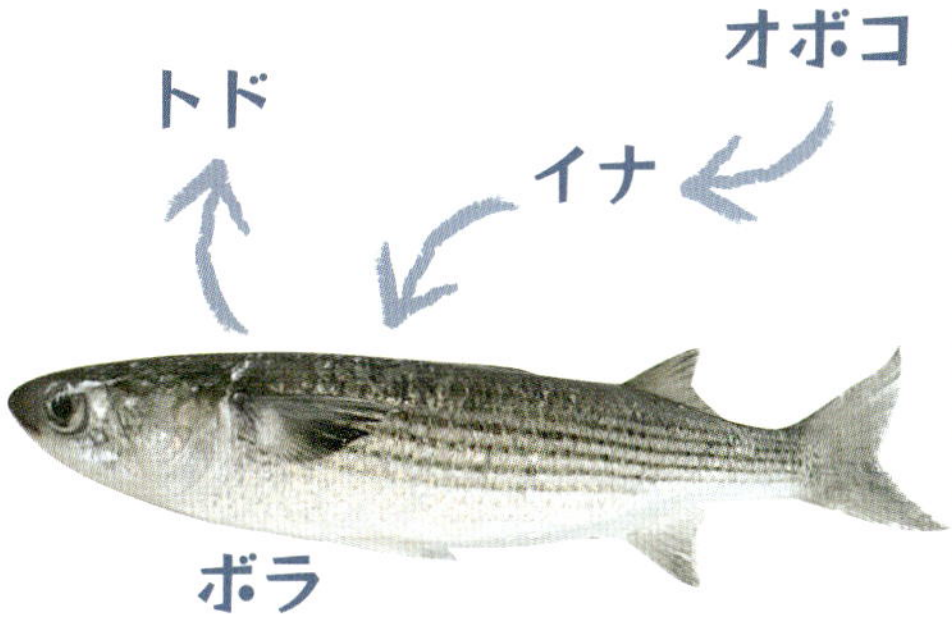

とぐろをまく

慣用句

意味 ❶数人が、用もないのに同じ場所に集まっている。❷その場所に落ち着いてしまって、なかなか動かない。

解説 「とぐろ」は、へびなどがからだをぐるぐるとまいて動かずにいること。そのようすから。

使い方 ❶若者《わかもの》たちがコンビニの前で**とぐろをまいて**いる。

こうして、うずまきの形にとぐろをまくのはリラックスしているときだよ。

となりの花は赤い

ことわざ

意味 ほかの人のものは何でも、自分のものよりいいものに見える。

解説 となりの家にさいている花は、自分の家の花より、赤くきれいに見えるということから。

使い方 **となりの花は赤い**で、よそのグループは楽しそうに見える。

【似た意味の言葉】となりのしばふは青い

飛《と》ぶ鳥を落とすいきおい

慣用句

意味 力やいきおいがとても強い。

解説 空を飛《と》んでいる鳥でさえ、いきおいにおされて落ちるほどだということから。

使い方 彼《かれ》は今や政治家《せいじか》として、**飛《と》ぶ鳥を落とすいきおい**の実力者だ。

【似た意味の言葉】破《は》竹《ちく》のいきおい ➡103ページ

虎《とら》の威《い》を借《か》るきつね
故事成語

意味 力のない人が、ほかの人の力を利用《りよう》していばること。

解説 虎《とら》につかまったきつねが「わたしを食べると神様にさからうことになる。わたしのあとについてきてみなさい。動物たちはわたしを見るとみんなにげ出すから」と言った。そこで虎《とら》がきつねのあとをついていくと、どの動物も虎《とら》を見てにげ出したのだが、虎《とら》はそのことに気づかずきつねの言葉を信《しん》じてしまったという昔の中国の話から。

使い方 妹は、お父さんがいると味方をしてもらえるので、いばっている。**虎《とら》の威《い》を借《か》るきつね**だ。

【似た意味の言葉】かさに着る ⬇47ページ

おれにさからうと
こわいぞ……！

取りつく島もない
慣用句

意味 たよりにできる手がかりがない。冷《つめ》たい態度《たいど》で相手にしてくれない。

解説 「島」は助けになるものや、たよりになるものという意味。

使い方 お姉ちゃんはすっかりおこってしまって、話しかけても**取りつく島もない**。

鳥なき里のこうもり
ことわざ

意味 すぐれた人、強い人がいない所では、たいして力もない人がいばっている。

解説 鳥がいない所では、鳥のように空を飛《と》べるこうもりがいばって飛《と》んでいるということから。

使い方 先生がいないと、あの子がいばり出す。**鳥なき里のこうもり**だ。

まめ知識

こうもりは鳥ではない

自由に空を飛《と》べるこうもりだけど、鳥の仲間《なかま》ではない。卵《たまご》ではなく、人間と同じように赤ちゃんを産《う》んでおっぱいで育てるんだ。羽に見えるのは、うすい膜《まく》。休むときにぶら下がるのは、後ろあしが弱くて立てないからなんだって。

鳥はだが立つ
慣用句

意味 寒さやこわさ、気持ち悪さがとても強いこと。

解説 寒さやこわさを感じたときに、はだに鳥の皮のようなぶつぶつができることから。最近《さいきん》は、とても感動したときにも使う。

使い方 テレビで怖《こわ》い番組を見ていて、**鳥はだが立った**。

【似た意味の言葉】総毛立《そうけだ》つ

島がどこにも
見えない……。

どろぼうをとらえてなわをなう
ことわざ

意味 ものごとが起きてから、あわてて準備《じゅんび》する。

解説 「なう」は、わらでなわをつくること。「どろぼうを見てなわをなう」「どろなわ」ともいう。

使い方 明日テストだと言われて急《きゅう》に勉強しても、**どろぼうをとらえてなわをなう**ようなものだ。

と

どんぐりのせいくらべ

意味 どれもみな同じようで、とくにすぐれたものがない。

解説 どんぐりをくらべてみても、どれもみな同じようで目立つものがないことから。

使い方 このチームはみんな**どんぐりのせいくらべ**で、なかなか強くなれない。

【似た意味の言葉】五十歩百歩《ごじっぽひゃっぽ》 ➡60ページ

いちばんせが高いのは？

まめ知識

どんぐりにはたくさんの種類《しゅるい》がある

どんぐりは、一種類《しゅるい》の決まった実の名前ではなく、クヌギやカシ、ナラ、シイなどの木の実のことをいう。木の種類《しゅるい》によってそれぞれ形がちがうけれど、同じ木の実はどれも本当によく似《に》た形。それでこのことわざができたんだね。みんなが食べるクリも、どんぐりの仲間《なかま》だよ。

飛《と》んで火に入《い》る夏の虫

意味 自分から進んでむずかしいことや危険《きけん》なことにかかわってしまう。

解説 夏の夜、明かりに集まってきた虫が、火に入り、焼《や》け死んでしまうことから。

使い方 買い物について行ったら、重いにもつをたくさん持たされた。**飛《と》んで火に入《い》る夏の虫**だ。

とんびがたかを生む

意味 ふつうの親が、とてもすぐれた子どもを生む。

解説 ふつうの鳥であるとんびが、すぐれた鳥のたかを生むということから。「とんび」を「とび」ともいう。

使い方 妹はピアノの天才だ。**とんびがたかを生んだ**ようだと親《しん》せき中がおどろいている。

【反対の意味の言葉】かえるの子はかえる ➡46ページ

とんび
たか

すがたは似《に》ているけれど、狩《か》りにも使われるたかは、昔からすぐれた能力《のうりょく》をもっていると考えられていたんだ。

とんびに油あげをさらわれる

意味 大事なものを、とつぜん横からとられる。

解説 飛《と》んでいたとんびが、空から急《きゅう》に下りてきて、持っていた油あげをさらってしまうことから。

使い方 やっとつった魚を、猫《ねこ》にとられてしまった。**とんびに油あげをさらわれる**とはこのことだ。

多くの虫は光に向かって進む性質《せいしつ》がある。それは、光を目印《めじるし》にして動いているからなんだって。

とんぼ返り

意味 ❶空中で体を一回転させる。❷目的地《もくてきち》に着いてすぐにもどる。

解説 飛《と》んでいるとんぼが、さっとからだの向きを後ろに変《か》えることから。

使い方 ❷せっかく旅行に来たのに、今日中に**とんぼ返り**しなければいけないことになった。

七転び八起き

ことわざ

意味 何度失敗《しっぱい》しても、あきらめずに努力《どりょく》を続《つづ》ける。人生には失敗《しっぱい》するときもあれば、成功《せいこう》するときもある。

解説 七回転んでも、八回起き上がるということから。「七転八起《しちてんはっき》」ともいう。

使い方 今回もレギュラーになれなかったけど、**七転び八起き**でがんばる。

まめ知識

何度でも起き上がる「だるま」

たおしてもすぐに起き上がる人形を「起き上がりこぼし」という。有名なのは「だるま」だね。何度でも起き上がることから、えんぎのいい人形として昔からお守りにされている。願《ねが》いごとをすると、かなえてくれるともいわれるよ。起き上がるだるまのすがたを見れば、目標《もくひょう》に向かってがんばる気持ちもわいてくるね。

長いものにはまかれろ

ことわざ

意味 力のある人、えらい人には、さからわないで言うことを聞いていた方が得《とく》だ。

解説 「長いもの」は力のある人、えらい人。「長いものにはまかれよ」ともいう。

使い方 **長いものにはまかれろ**。上級生には、さからわないでいよう。

泣《な》き面《つら》にはち

ことわざ

意味 悪いこと、こまったことがかさなる。

解説 「面《つら》」は顔。泣《な》いている顔を、さらにはちがさすということから。「泣《な》きっ面《つら》にはち」ともいう。

使い方 転んでけがをしたうえに、かぜまでひくなんて、**泣《な》き面《つら》にはち**だ。

【似た意味の言葉】弱り目にたたり目

情《なさ》けは人のためならず

ことわざ

意味 人にやさしく親切にすると、めぐりめぐって自分にもよいことがある。

解説 親切は、結局《けっきょく》自分のためになるということから。「親切にすると相手のためにならない」という意味ではない。

使い方 **情《なさ》けは人のためならず**だから、たくさんの人に親切にしよう。

習うよりなれよ

ことわざ

意味 ものごとは、人に教えてもらうより、自分で経験《けいけん》を積《つ》むほうがよく覚《おぼ》えられる。

解説 習っているより、実際《じっさい》にやってみたほうが自然《しぜん》になれて覚《おぼ》えるということから。

使い方 **習うよりなれよ。**泳ぎを覚《おぼ》えたかったら説《せつ》明《めい》を聞くだけじゃなく、自分で泳いでみなくちゃだめだよ。

鳴りをひそめる

慣用句

意味 ❶音を立てないで静《しず》かにする。❷目立った活動をやめ、じっとしている。

解説 「鳴り」は音を立てること。❶は「鳴りを静《しず》める」ともいう。

使い方 ❶演奏《えんそう》が始まるのを、**鳴りをひそめて**待っている。

鳴りをひそめる
すず虫

二束三文《にそくさんもん》

四字熟語

意味 数をまとめても、ねだんがとても安い。

解説 「文《もん》」は昔のお金の単位《たんい》。束《たば》が二つでも、たった三文《さんもん》という意味。昔、「金剛《こんごう》ぞうり」というぞうりが、二足で三文《さんもん》のねだんで売られていたことからできた言葉ともいわれている。

使い方 もう古くなってしまったゲームが、**二束三文《にそくさんもん》**で売られていた。

まめ知識

「三文《さんもん》」ってどのくらいの安さ？

今の日本のお金の単位《たんい》は「円」だね。江戸《えど》時代には「両」「分《ぶ》」「朱《しゅ》」などいろいろな単位《たんい》が使われていたけれど、「文《もん》」はその中でもいちばん小さい単《たん》位《い》。今のお金でどれくらい、というのはむずかしいけれど、江戸《えど》時代のおそばは一ぱい十六文《もん》だったといわれているから、ぞうりが二束《ふたたば》で三文《もん》はとても安いのがわかるね。

二階から目薬

ことわざ

意味 思うようにいかず、じれったい。遠回しにしすぎて、効果《こうか》がない。

解説 二階にいる人が下にいる人に目薬をさそうとしても、うまく目に入らないということから。「天井《てんじょう》から目薬」ともいう。

使い方 そんなことを言っても**二階から目薬**だよ。弟にはきき目がない。

にくまれっ子世にはばかる

ことわざ

意味 人からきらわれるような人の方が、世の中では勢力《せいりょく》をふるい、えらそうにしているものだ。

解説 「はばかる」は、はばをきかせる。勢力《せいりょく》をふるい、えらそうにふるまうこと。

使い方 **にくまれっ子世にはばかる**っていうから、ああいういやなやつほど将来《しょうらい》大物になるかもしれない。

に

二足のわらじをはく　ことわざ

意味 一人の人が、まったくちがう二種類《しゅるい》の職業《しょくぎょう》につくこと。

解説 昔、ばくちを打つ人の中に、それを取りしまるけいさつのような仕事をしている人がいたことから。

使い方 学生だけどプロのテニス選《せん》手《しゅ》、**二足のわらじをはいている**。

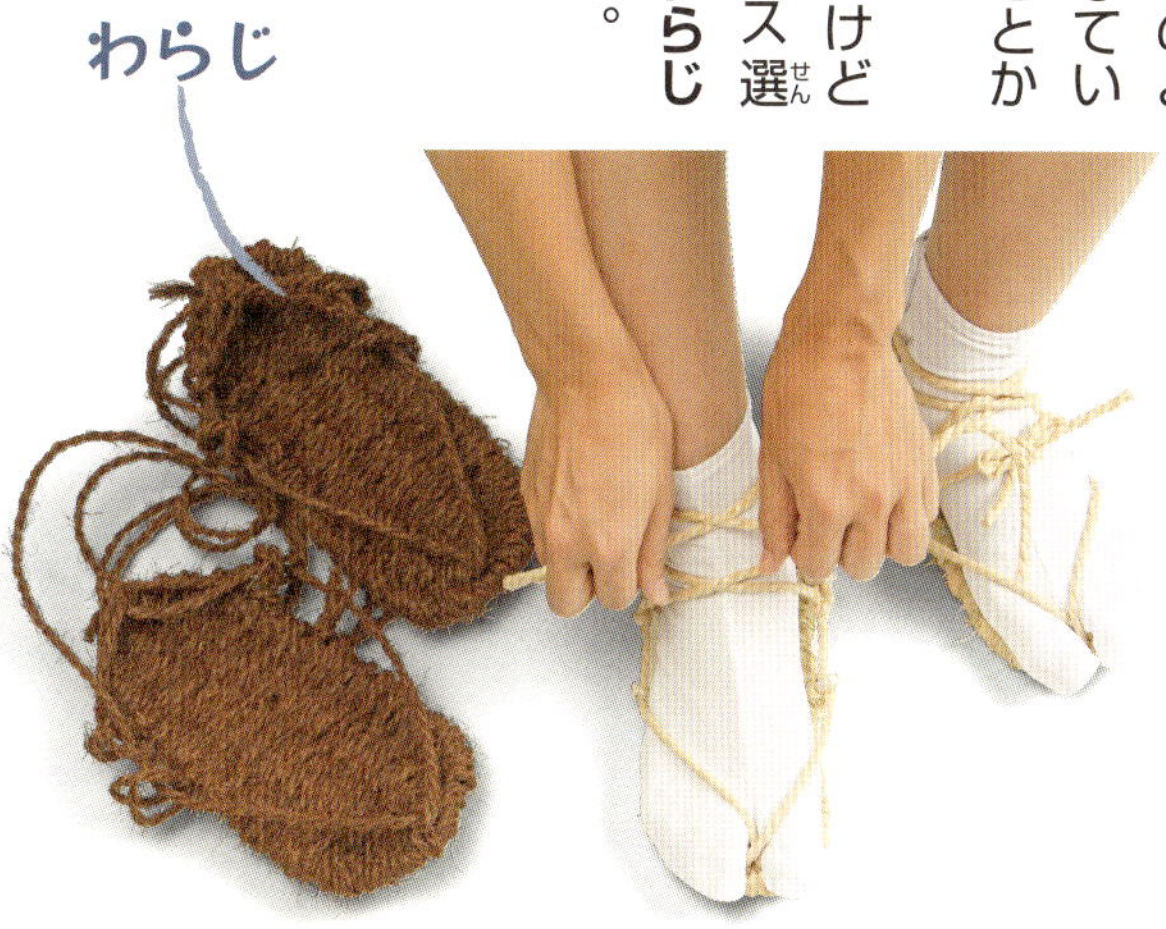

にても焼《や》いても食えぬ　慣用句

意味 どうやっても、自分の思うようにあつかうことができない。

解説 にてみても、焼《や》いてみても、どうしても食べられないという意味。

使い方 順番《じゅんばん》に使おうと言っても半分ずつにしようと言っても、なっとくしない。妹は**にても焼《や》いても食えない**。

二《に》兎《と》を追う者は一《いっ》兎《と》をも得《え》ず　ことわざ

意味 一度に、二つのことをしようとしても、結《けっ》局《きょく》どちらも成功《せいこう》しない。

解説 「兎《と》」はうさぎ。一度に、二ひきのうさぎを追いかけても、どちらのうさぎにもにげられてしまい、一ぴきも手に入れられないことから。

使い方 **二《に》兎《と》を追う者は一《いっ》兎《と》をも得《え》ず**、今日はこっちの宿題だけ終わらせよう。

【似た意味の言葉】あぶはちとらず ⬇33ページ

【反対の意味の言葉】一挙両得《いっきょりょうとく》、一石二鳥《いっせきにちょう》 ⬇7ページ

うさぎはとてもおくびょうで、にげ足が速い。走りながら急に方向を変《か》えることもできるんだって。

二の足をふむ　慣用句

意味 どうしようかとなやんで、思い切って進むことができない。

解説 一歩目は進んだのに、二歩目は足ぶみをしてしまうという意味。

使い方 ピアノを習いたいけど、遊ぶ時間が少なくなってしまうので**二の足をふんでいる**。

二番せんじ　慣用句

意味 前のものと同じで、新しさがない。

解説 一度せんじたお茶や薬草を、もう一度せんじると、味やかおりがうすくなってしまうことから。

使い方 その意見は、今までに出た意見の**二番せんじ**だ。

ぬかにくぎ

ことわざ

意味 まったく手ごたえがなく、きき目がない。

解説 さらさらとした粉《こな》のぬかにくぎを打っても、何も手ごたえがないことから。

使い方 かっている猫《ねこ》におすわりを教えてみたが、**ぬかにくぎ**だ。

【似た意味の言葉】とうふにかすがい ⬇87ページ、のれんにうでおし ⬇101ページ

ねじの穴《あな》がつぶれて…
ガッチリ
ぬけず、差《さ》せず……。

まめ知識

ぬかみそにくぎを入れるといいって本当!?

ぬかには栄養《えいよう》がたっぷりあるので、つけ物をつくるための、ぬかみそなどにも利用《りよう》される。ぬかみそにさびたくぎを入れておくと、鉄の成分《せいぶん》がとけて野菜《やさい》の変色《へんしょく》をふせぎ、色のきれいなつけ物ができるんだって。

……。

ぬき差《さ》しならない

慣用句

意味 どうにも動きがとれない。どうしようもない。のっぴきならない。

解説 ぬくこともできないし、差《さ》すこともできないということから。

使い方 テストの前の日に教科書を学校にわすれてきてしまって、**ぬき差《さ》しならない**状況《じょうきょう》だ。

ぬす人の昼寝《ひるね》

ことわざ

意味 意味がないように見える行動にも、じつは目的《もくてき》がある。

解説 どろぼうは、夜しっかりと仕事ができるように昼寝《ひるね》をするということから。「ぬす人の昼寝《ひるね》にもあてがある」ともいう。

使い方 いつもいたずらばかりの弟がおとなしい。**ぬす人の昼寝《ひるね》**で、何かうらがあるのかもしれない。

ぬれ衣《ぎぬ》を着せられる

慣用句

意味 何もしていないのに、悪いことをした犯人《はんにん》にされてしまう。あらぬうたがいをかけられる。

解説 昔、むすめの美しさをねたんだ継母《ままはは》が、漁師《りょうし》のぬれた服をむすめの部屋《へや》に置《お》き、漁師《りょうし》の恋人《こいびと》がいると父親につげ口をした。それでおこった父親がむすめを殺《ころ》してしまったという日本の古い伝説《でんせつ》から。

使い方 お皿をわったと、**ぬれ衣《ぎぬ》を着せられた**。

ぬれねずみ

慣用句

意味 服を着たまま、全身ずぶぬれになる。

解説 水にぬれたねずみのようにたとえて。

使い方 かさをわすれて、**ぬれねずみ**になってしまった。

ビショビショ…

ねずみの仲間《なかま》のヌートリア

ね

ね

明るい所では、入る光を
少なくするために、
ひとみは細くなるよ。

暗い所では光をたくさんと
り入れるために、ひとみは
大きくなるよ。

猫《ねこ》の目のように変わる

慣用句

意味 とても変《か》わりやすい。

解説 猫《ねこ》のひとみ(目の中の黒い部分)は、まわりの明るさによって、大きさが変《か》わることから。

使い方 今日の天気はふったり晴れたり、**猫《ねこ》の目のように変《か》わる**。

猫舌《ねこじた》

慣用句

意味 熱《あつ》いものを食べたり飲んだりするのが苦手《にがて》。

解説 猫《ねこ》は熱《あつ》い食べ物を食べられないことから。

使い方 ぼくは**猫舌《ねこじた》**なので、ラーメンを食べるのにとても時間がかかる。

熱《あつ》いのは
苦手《にがて》だにゃ〜。
猫舌《ねこじた》

猫《ねこ》ばばを決めこむ

慣用句

意味 ❶拾ったものを、自分のものにしてしまう。❷悪い行いをかくして知らん顔をする。

解説 「ばば」はふんのこと。猫《ねこ》は自分がしたふんに土をかけてかくすことから。「猫《ねこ》ばばする」ともいう。

使い方 ❶弟のカードを見つけて**猫《ねこ》ばばを決めこんだけれど**、すぐにばれてしまった。

よいしょ
よいしょ

ねじをまく

慣用句

意味 ゆるんだ気持ちや、だらしない態度《たいど》を注意して引きしめる。

解説 ゆるんで動きがにぶくなったものの、ねじをまき直すことから。

使い方 「このごろわすれ物が多いから、みんな**ねじをまく**ように」と先生に注意された。

ねじまき式の時計は、ねじで「ぜんまいばね」をまいて、それがもとにもどる力で動いているよ。ぜんまいがもとにもどりきると時計が止まってしまうから、ときどきねじをまく必要《ひつよう》があるんだ。

寝《ね》た子を起こす

慣用句

意味 落ち着いていたものごとによけいな手出しをして、また問題を引き起こす。

解説 静《しず》かに寝《ね》ていた子をわざわざ起こして、泣《な》かせてしまうことから。

使い方 弟が買うのをやっとあきらめたゲームがテレビで紹介《しょうかい》されて、**寝《ね》た子を起こして**しまった。

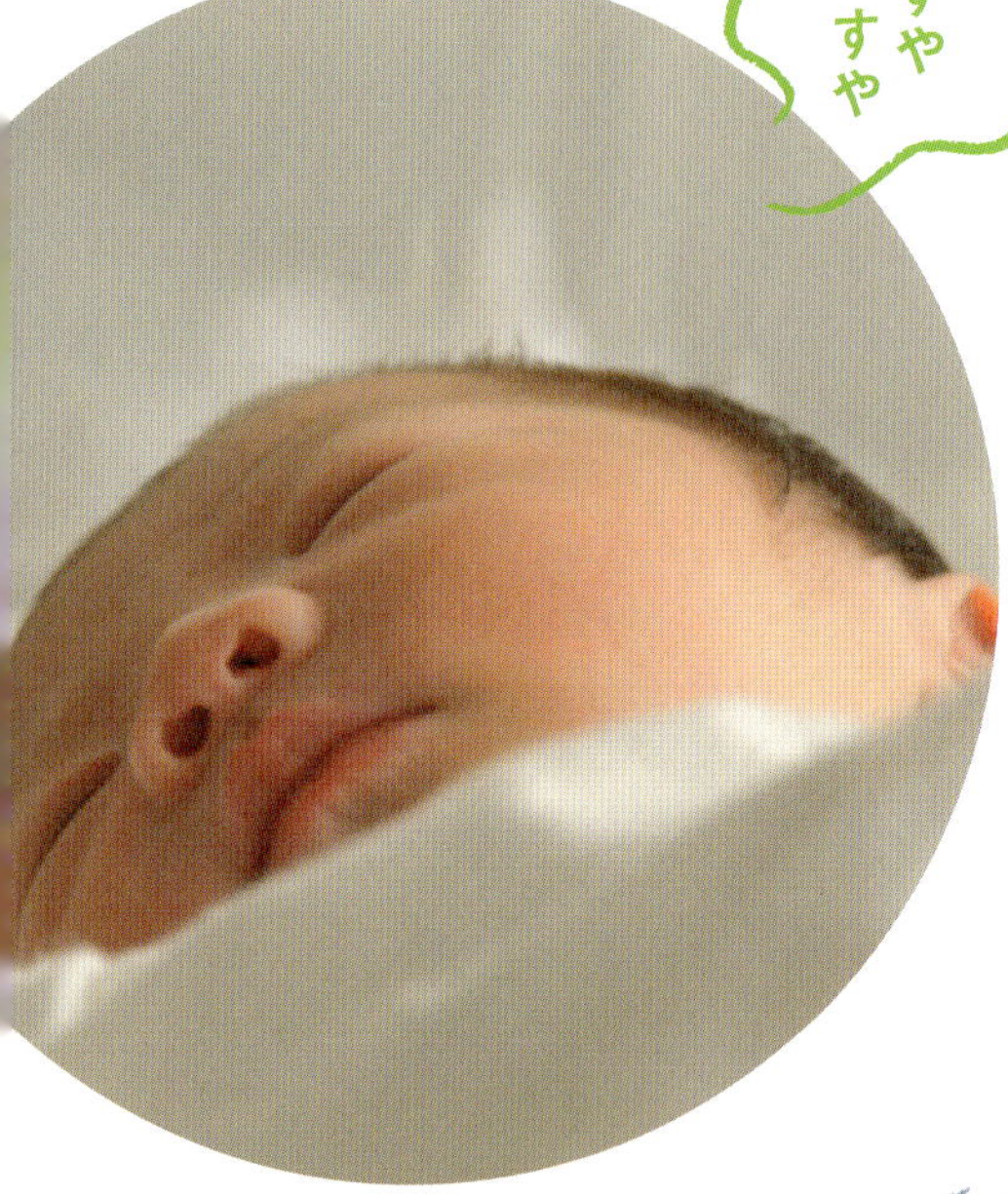
すやすや

つんつん
ふえ〜ん

根ほり葉ほり

慣用句

意味 しつこく細かいところまで聞き出すようす。

解説 「根ほり」は根をほることで、しつこく、とことんほること。「葉ほり」は根ほりに合わせてつけた言葉。

使い方 友達《ともだち》のことを**根ほり葉ほり**聞かれて、いやな感じだ。

おいしそうなさつまいも、一つ残《のこ》らずほり出そう。

寝耳《ねみみ》に水

慣用句

意味 予想しなかったことが急に起きて、おどろく。

解説 寝《ね》ているときに耳に水が入るということから。また、寝《ね》ているときに水のおしよせる音を聞いておどろくことからとも。

使い方 今日、漢字テストがあるなんて**寝耳《ねみみ》に水**だ。

【似た意味の言葉】足下《あしもと》から鳥が立つ ⬇30ページ、青天《せいてん》のへきれき ⬇71ページ、やぶからぼう ⬇123ページ

ねむれる獅子《しし》

慣用句

意味 大きな力をもっているのに、じっとしていて、まだその力を十分に出し切っていない人や国。

解説 「獅子《しし》」はライオン。ライオンもねむっているときは、その力を出さないことから。

使い方 **ねむれる獅子《しし》**だといわれていた選手《せんしゅ》が、やっと力を出しはじめた。

根も葉もない

慣用句

意味 何の証拠《しょうこ》もない、でたらめ。

解説 植物のもとになる根もなければ、そこから出てくるくきや葉もないということから。

使い方 **根も葉もない**うわさが流れているらしい。

【似た意味の言葉】事実無根《じじつむこん》

音《ね》を上げる

慣用句

意味 がまんできなくなって弱気なことを言う。あきらめる。

解説 泣《な》き声を上げるということから。

使い方 **ここで音《ね》を上げて**しまったら、今までの努《ど》力《りょく》がむだになってしまう。

【似た意味の言葉】弱音《よわね》をはく

根をはる

慣用句

意味 新しい考えや習慣《しゅうかん》が、深く広がって安定する。また、力をもつ。

解説 植物が、根を深く広くのばしていくことから。

使い方 悪い考えは、すぐ心に**根をはる**から気をつけよう。

植物の根は、地面にからだを固定《こてい》して養分《ようぶん》をすい上げる大切な器官《きかん》。根を深く広くはることで、より安定し、たくさんの養分《ようぶん》をすい上げることができるんだ。

念《ねん》には念《ねん》を入れよ

ことわざ

意味 ものごとを行うときは、注意に注意をかさねて慎重《しんちょう》に進めることが大切。

解説 「念《ねん》を入れる」は、細かいことまで注意をはらうということ。

使い方 旅行に出発する前に、**念《ねん》には念《ねん》を入れて**戸じまりと火の元《もと》を確認《かくにん》した。

【似た意味の言葉】石橋をたたいてわたる ⬇34ページ

まめ知識

たかはどのように狩《か》りをする？

たかはとても目がよく、高い空からえものを見つけることができる。えものを見つけると空から急降下《きゅうこうか》してきて、するどいつめでつかまえるよ。力の強い足でしっかりとえものをおさえたら、かぎ形のくちばしで肉を引きさいて食べるんだ。たかがとても上手《じょうず》にえものをつかまえることは昔から知られていて、人間はたかを狩《か》りに利用《りよう》してきたんだよ。

能《のう》あるたかはつめをかくす

ことわざ

意味 本当に力や才能《さいのう》をもっている人は、ふだんその力を見せびらかすようなことはしない。

解説 えものをとることにすぐれているたかは、ふだんはするどいつめをかくしていることから。

使い方 いつもはのんびりしているのに、試合《しあい》になるとどんどん点を取りにいく。**能《のう》あるたかはつめをかくす**って本当だな。

のきをならべる

慣用句

意味 建物《たてもの》と建物《たてもの》がくっつき合うように、ぎっしりならんでいるようす。

解説 「のき」は、建物《たてもの》のかべより外にはり出している屋根の部分。となり同士ののきが連《つら》なるようにならんでいるようすから。「のきを連《つら》ねる」ともいう。

使い方 駅前には、おみやげ屋さんが**のきをならべている**。

【似た意味の言葉】のきを争《あらそ》う

たくさんのお店がのきをならべているところを、商店街《しょうてんがい》というよ。

の

のどもとすぎれば熱《あつ》さをわすれる

ことわざ

意味 苦しかったことも、すぎてしまえばわすれる。

解説 熱《あつ》いものも飲みこんでしまえば、その熱《あつ》さをわすれてしまうことから。

使い方 先週おこられたばかりなのに、**のどもとすぎれば熱《あつ》さをわすれる**で、弟は今日もちこくだ。

のべつ幕《まく》なし

慣用句

意味 休みなしに続《つづ》くようす。

解説 「のべつ」はたえまないこと。ずっと幕《まく》をしないまま、しばいが続《つづ》くということから。

使い方 **のべつ幕《まく》なし**にテレビを見てしまって、お母さんにしかられた。

演劇《えんげき》や歌舞伎《かぶき》などの舞台《ぶたい》には幕《まく》がある。しばいが始まると開き、終わるとしまるよ。しばいのとちゅうでも、場面が変《か》わるところや休けいのときに、幕《まく》がしまることもあるんだ。

乗りかかった船

ことわざ

意味 ものごとを始めたり、かかわりをもった以《い》上《じょう》、手を引くことはできない。

解説 いったん岸から船がはなれてしまえば、もうその船からおりられないということから。

使い方 **乗りかかった船**だから、最後《さいご》までいっしょにやろう。

もうあとにはもどれない……!

のれんにうでおし

ことわざ

意味 はたらきかけても反応《はんのう》がない。手ごたえがない。

解説 のれんをうでおしても、何の手ごたえもないことから。

使い方 いくら注意しても**のれんにうでおし**。妹がトイレを使ったあとは、いつも電気がつけっぱなしだ。

【似た意味の言葉】とうふにかすがい ↓87ページ、ぬかにくぎ ↓96ページ

スカッ

のるかそるか

慣用句

意味 成功《せいこう》するか、失敗《しっぱい》するか。

解説 「のる」は長くのびる、「そる」は後《うし》ろに曲がる。どちらになるかわからないということから。

使い方 **のるかそるか**、思ったことをためしてみよう。

【似た意味の言葉】一《いち》か八《ばち》か

矢をつくるときは、材料《ざいりょう》となる竹の曲がりを直す作業《さぎょう》をする。真っすぐになったかどうかを調べるときに、「のるかそるか」と言っていたことから、この言葉が使われるようになったんだって。

はく氷《ひょう》をふむ

ことわざ

意味　とてもあぶない状態《じょうたい》、場面にいる。また、失敗《しっぱい》しそうなことをしようとする。

解説　水の上にはった、うすい氷をふんで歩くのは危険《きけん》であることから。

使い方　たいして練習もしないまま発表会の日になってしまい、**はく氷《ひょう》をふむ**思いだ。

まめ知識

川や湖、海にはる氷

とても寒く、水温が0度以《い》下《か》になると川や湖にも氷がはる。海の水もこおるけど、塩《しお》をふくんでいるから、もっと低《ひく》い温度にならなければこおらないんだって。寒い日が続《つづ》いて氷のあつさが二十センチメートルくらいになれば、氷の上に乗って歩くこともできるよ。

背《はい》水《すい》の陣《じん》

故事成語

意味　もう一歩も引けない、失敗《しっぱい》がゆるされないとかくごを決め、全力でものごとを行う。

解説　わざと川を背《せ》にして軍《ぐん》を配置《はいち》し、後《うし》ろににげられない中で必死《ひっし》に戦《たたか》ったところ、敵《てき》に勝つことができたという昔の中国の話から。⬇132ページ

使い方　今度の試合《しあい》で負けたら、決勝リーグには進めない。**背水《はいすい》の陣《じん》**で戦《たたか》おう。

馬《ば》脚《きゃく》をあらわす

故事成語

意味　かくしていたことや本当のすがたが、ばれてしまう。

解説　「馬脚《ばきゃく》」は、しばいで馬のあしの役をする人。しばい中に、馬のあしを演《えん》じている人がうっかりすがたを見せてしまうことから。

使い方　おとなしいふりをしていたけど、うっかり口をすべらせて**馬脚《ばきゃく》をあらわして**しまった。

【似た意味の言葉】しっぽを出す、化けの皮がはがれる

「馬脚《ばきゃく》」は正体を見せずに、うまくかくれていなければいけない。馬のあしにならないとね。

はくがつく
慣用句

意味 人にみとめられて値打《ねう》ちが上がる。人間の重みがます。

解説 「はく」は、うすくのばした金や銀など。ものの表面にはくをつけるとりっぱになることから。

使い方 コンクールで入賞《にゅうしょう》して**はくがついた**。

【反対の意味の言葉】はくが落ちる

はくをはった
高級な小箱
はく

白紙にもどす
慣用句

意味 それまでのいきさつはないものとする。もとの状態《じょうたい》にもどす。

解説 「白紙」は何もかいていない紙。かいてあるものを消して、何もかいていない状態《じょうたい》にすることから。「白紙に返す」「白紙にする」ともいう。

使い方 計画を**白紙にもどして**、また話し合おう。

はく車《しゃ》をかける
慣用句

意味 ものごとの進み方をいっそう速くする。

解説 「はく車《しゃ》」は、馬に乗るときにくつのかかとにつける金具。はく車《しゃ》で馬のおなかをしげきして、速く走らせることから。「はく車《しゃ》を加《くわ》える」ともいう。

使い方 ほしい気持ちに、テレビのコマーシャルが**はく車《しゃ》をかける**。

馬《ば》耳《じ》東《とう》風《ふう》
故事成語

意味 人の意見や注意をまったく聞かず、気にもしない。

解説 「東風《とうふう》」は春風。気持ちのよい春風が耳にふいてきても、馬は何も感じないということから。

使い方 弟がゲームをしているときは、何を言っても**馬《ば》耳《じ》東《とう》風《ふう》**だ。

【似た意味の言葉】犬に論語《ろんご》、馬の耳に念仏《ねんぶつ》 ↓40ページ

はしにもぼうにもかからない
慣用句

意味 あまりにひどくて、どうしようもない。

解説 はしを使っても、ぼうを使ってもひっかからないということから。

使い方 さわっただけでこわれた。**はしにもぼうにもかからない**工作物だ。

はく車

破《は》竹《ちく》のいきおい
故事成語

意味 ものごとのいきおいがはげしくて、おさえられない。

解説 竹は刀で節《ふし》をわると、あとは一直線に一気にさけることから。

↓132ページ

使い方 お兄ちゃんたちのチームが、**破《は》竹《ちく》のいきおい**で勝ち進んでいる。

節《ふし》
パカーン

はちの巣《す》をつついたよう
慣用句

意味 大きなさわぎになって、どうしようもない。

解説 はちの巣《す》をつついたときに、はちがいっせいに飛《と》び出してくるようすから。

使い方 急に電気が消えて、バスの車内は**はちの巣《す》をつついたよう**なさわぎになった。

ミツバチやアシナガバチなどのはちは、巣《す》をつくり、たくさんの仲間《なかま》とくらしている。巣《す》をつついたりすると、巣《す》を守るために、いっせいにおそってくるよ。はちの巣《す》を見つけても近よらないようにしよう。

ばつが悪い
慣用句

意味 具合の悪い思いをする。はずかしい。

解説 「ばつ」は、「場《ば》都《つ》合《ごう》」を短くした言葉という。その場の都合《つごう》や具合が悪いということから。

使い方 先生のものまねをしていたら本人に見られてしまい、**ばつが悪かった**。

【似た意味の言葉】きまりが悪い

八方美人《はっぽうびじん》
四字熟語

意味 だれに対してもよく思われようとふるまう。あいそよくする。

解説 「八方」はあらゆる方向という意味。もとは、どこからみても欠点《けってん》のない美人のことだったが、今はよくない意味で使われる。

使い方 いい人に思えるけど、**八方美人《はっぽうびじん》**なので、あまり信用《しんよう》できない。

はとが豆でっぽうを食ったよう
慣用句

意味 とつぜんのことにびっくりして目をまるくする。

解説 はとが、豆でっぽうで豆をぶつけられ、まるい目をさらにまるくしてびっくりしているようすから。「はとに豆でっぽう」ともいう。

使い方 急に大きな音がして、みんな**はとが豆でっぽうを食ったよう**な顔になった。

話に花がさく
慣用句

意味 次つぎに、きょうみのある楽しい話題が出てきて、会話が続《つづ》く。

解説 「花がさく」には、にぎやかになる、さかんになるという意味がある。

使い方 友達《ともだち》と集まると、マンガの**話に花がさく**。

【似た意味の言葉】話がはずむ

花よりだんご（ことわざ）

意味 美しいだけのものより、役に立つもののほうがいい。

解説 花が美しいのをただ見るより、おなかがいっぱいになるだんごのほうがいいということから。

使い方 プレゼントは花束《はなたば》よりもケーキがいいなんて、**花よりだんご**だね。

> **まめ知識**
>
> **お花見の三色だんご**
>
> お花見につきものの、三色だんご。ピンクは春をあらわす桜《さくら》の色、白は冬のなごりをあらわす雪の色、緑は夏のきざしをあらわすよもぎの色、ともいわれているよ。

歯に衣《きぬ》を着せない（慣用句）

意味 相手の気持ちは考えず、思っていることをかくさずにはっきりと言う。

解説 言葉に何もかぶせない、かざらないということから。「歯に衣《きぬ》着せぬ」ともいう。

使い方 **歯に衣《きぬ》を着せない**言い方をされると、頭にくるけれど、ためになる。

【反対の意味の言葉】奥歯《おくば》にものがはさまったよう

羽をのばす（慣用句）

意味 おさえられていた状《じょう》態《たい》から自由になって、のびのびと好《す》きなようにする。

解説 鳥が羽をのばして、自由に飛《と》ぶすがたから。

使い方 この宿題を終えればゆっくり**羽をのばせる**。

羽目《はめ》をはずす（慣用句）

意味 調子に乗って、はしゃぎすぎてしまう。

解説 「羽目《はめ》」は馬にくわえさせる「はみ」という金具のことで、はみをはずすと馬が自由になって走り回ってしまうようすからといわれる。

使い方 遠足で**羽目《はめ》をはずして**さわぎ、しかられた。

馬にくわえさせる「はみ」の両はじは、乗り手の持つたづなとつながっている。これで、乗る人の気持ちを馬に伝《つた》えることができるんだって。

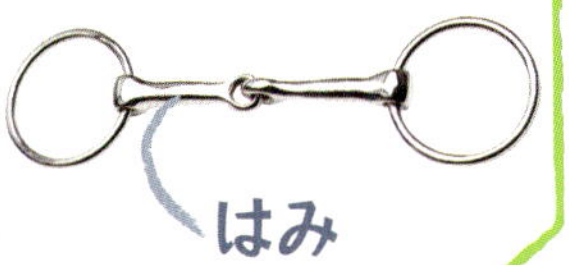

早起きは三文《さんもん》の得《とく》（ことわざ）

意味 朝、早起きをすると何かいいことがある。

解説 「得《とく》」は「徳《とく》」とも書く。「三文《さんもん》」は昔のお金で、少しの金額《きんがく》。早く起きれば少しはいいことがあるということ。「朝起きは三文《さんもん》の得《とく》」ともいう。

使い方 **早起きは三文《さんもん》の得《とく》だ**。冷蔵《れいぞう》庫《こ》に昨日《きのう》の残《のこ》りのおやつを発見。

腹《はら》をすえる

慣用句

意味 かくごを決める。決心する。

解説 「すえる」はしっかりと動かないようにすること。

使い方 教室のまどガラスをわってしまったのはぼくだ。**腹《はら》をすえて**、先生に本当のことを言おう。

【似た意味の言葉】 腹《はら》を固《かた》める、腹《はら》をくくる

はり子の虎《とら》

慣用句

意味 弱いくせに、強く見せようとしていばっている人。見かけは強そうなのに本当は弱い人。

解説 はり子の虎《とら》は、紙を何まいもかさねてはってつくった首をふる虎《とら》の人形。その動きから、ただ首をふってうなずくだけで自分の意見のない人にたとえられた。

使い方 えらそうにしても、いざというときに意見を言えないいんじゃ、**はり子の虎《とら》**だ。

オレに
まかせろ。

はりの穴《あな》から天をのぞく

ことわざ

意味 小さな知《ち》識《しき》や考え方で、大きなものごとについて話したり、決めたりしてしまう。

解説 はりの小さな穴《あな》から空を見ても、空の一部分しか見えないことから。

使い方 先生の話を聞いて、わたしの考えは**はりの穴《あな》から天をのぞく**ようなものだとわかった。

【似た意味の言葉】 井《い》の中のかわず大海《たいかい》を知らず ⬇37ページ、よしのずいから天井《てんじょう》をのぞく ⬇125ページ

万《ばん》事《じ》休《きゅう》す

故事成語

意味 もうすべてが終わりで、どうすることもできない。何の手だてもない。

解説 「万《ばん》事《じ》」はすべてのこと。「休《きゅう》す」はあとが続《つづ》かなくなり、終わること。

使い方 ああ、**万《ばん》事《じ》休《きゅう》す**だ。もう負けをみとめるしかない。

判《はん》でおしたよう

慣用句

意味 同じことのくり返しで変《へん》化《か》がない。

解説 判《はん》をおすと、同じ形がいくつもくり返し出てくることから。

使い方 あの人は、**判《はん》でおしたよう**にいつも同じメニューを注文する。

いくらおしても
みんな同じ形だよ。

ひ

ひざを交《まじ》える

慣用句

意味 たがいにうちとけて話し合う。へだてなく同席《どうせき》する。

解説 おたがいのひざにふれるくらい近くにすわり、親しく話すようすから。

使い方 一度はおこらせてしまったけど、**ひざを交《まじ》えて**話せばわかってもらえるはずだ。

ひたいを集める

慣用句

意味 集まって相談をする。

解説 話し合うために、みんながひたいをよせ合うようすから。

使い方 問題を解決《かいけつ》するために、**ひたいを集めて**一日中話し合った。

引っぱりだこ

慣用句

意味 人気があり、たくさんの人から、争《あらそ》って自分のものにしようとされる。

解説 たこを干物《ひもの》にするとき、あしを引っぱって広げるようすから。

使い方 その本はみんなから**引っぱりだこ**で、なかなか借《か》りられない。

あしをあっちこっちに引っぱってほすよ。

必要《ひつよう》は発明の母

ことわざ

意味 発明は、必要《ひつよう》だと思うことから生まれる。

解説 「母」はものごとを生み出すもと。何かが必《ひつ》要《よう》だと感じて工夫《くふう》することが、発明を生み出すもとになるということから。

使い方 **必要《ひつよう》は発明の母**というから、こまったときが新しい方法《ほうほう》を思いつくチャンスだよ。

人のうわさも七十五日

ことわざ

意味 人のうわさは長くは続《つづ》かない、しばらくすればわすれられるものだ。

解説 うわさになっていることも、七十五日もたてばだれもうわさをしなくなるということから。七十五日は、短くもなく長くもない期間のたとえ。

使い方 **人のうわさも七十五日**だから、少しがまんすれば何ごともなかったようになるよ。

人のふり見てわがふり直せ

ことわざ

意味 ほかの人の行いをよく見て、自分を反省《はんせい》し、悪いところは直しなさい。

解説 「ふり」は、ふるまいやしぐさのこと。

使い方 授業中《じゅぎょうちゅう》にさわぐなんてめいわくだ。**人のふり見てわがふり直せ**、ぼくも気をつけよう。

【似た意味の言葉】他山《たざん》の石 ⬇76ページ

火に油を注《そそ》ぐ

慣用句

意味 もともといきおいのあるものに、さらにいきおいを加《くわ》え大変《たいへん》なことになる。

解説 もえている火に油を注《そそ》ぐと、ものすごいいきおいでもえ上がることから。

使い方 今、そんなことを言ったら、**火に油を注《そそ》ぐ**ようなものだ。

※本当に油を注《そそ》ぐのは、あぶないからぜったいにまねしないでね。

火のない所にけむりは立たぬ

ことわざ

意味 何も理由がなければ、うわさ話が出ることもない。うわさが出るからには、理由があるはずだ。

解説 けむりは、火がなければ出ないことから。

使い方 夏休みの宿題が少ないらしい。**火のない所にけむりは立たぬ**というから、期待《きたい》しよう。

火ぶたを切る

慣用句

意味 競争《きょうそう》や、試合《しあい》、戦《たたか》いを始める。

解説 「火ぶた」は、火なわじゅうの火薬を入れる部分についているふた。火なわじゅうをうつときには、火ぶたを開けることから。

使い方 運動会もいよいよ最後《さいご》の種目《しゅもく》。対抗《たいこう》リレーの**火ぶたが切られた**。

百聞《ひゃくぶん》は一見《いっけん》にしかず 故事成語

意味 人の話を何度も聞くより、自分の目でたしかめたほうがよくわかる。

解説 「しかず」はかなわない、およばないという意味。百回聞くことは、一回見ることにかなわないということから。⬇132ページ

使い方 **百聞《ひゃくぶん》は一見《いっけん》にしかず**、いつか宇宙《うちゅう》に行ってみたい。

百発百中《ひゃっぱつひゃくちゅう》 故事成語

意味 ❶たまや矢が、すべてねらった的《まと》に当たる。❷予想や計画などがすべて思い通りになる。

解説 弓の名人が、やなぎの葉を的《まと》にして、百歩はなれたところから百本の矢をはなち、百本とも当てたという昔の中国の話から。

使い方 ❷おばあちゃんの天気の予想は**百発百中《ひゃっぱつひゃくちゅう》**だ。

氷山の一角 慣用句

意味 表面にあらわれた大きなものごとの中の、ほんの少しの部分。

解説 氷山の見えている部分は、全体のほんの一部分で、氷山のほとんどは海の中にかくれていることから。

使い方 今回わかった問題は、**氷山の一角**にすぎない。

この何倍もの大きさの氷が海中にかくれているんだよ。

コップに氷をうかべると、ほんの少しの部分しか水やジュースの上には出てこないよ。

ひ

ひょうたんからこまが出る 故事成語

意味 思ってもみなかったことが起こる。ふざけて言ったことが現実《げんじつ》に起こる。

解説 「こま」は馬のこと。ひょうたんの小さい口から、大きな馬が出るということから。

使い方 ぜったいに当たるとじょうだんで言って買ったくじが、本当に当たった。**ひょうたんからこまが出た。**

ひょうたんの実をかんそうさせてつくった容器は、とても軽くてじょうぶ。水や調味料《ちょうみりょう》を入れて使われてきたよ。

風前《ふうぜん》のともしび
あ、消えた！

風前《ふうぜん》のともしび

慣用句

意味 危険《きけん》がすぐそこまできていて、今にもだめになってしまいそうだ。

解説 「ともしび」は、ともした火や明かりのこと。風がふくところにあるともしびは、すぐに消えてしまうことから。

使い方 その鳥は世界的《せかいてき》に数が減《へ》っていて、**風前のともしび**だといわれている。

覆水《ふくすい》盆《ぼん》に返らず

故事成語

意味 一度してしまったことは、二度ともとにはもどらない。

解説 「覆水《ふくすい》」は入れ物からこぼれた水。まずしかった男がりっぱになったところ、出て行った妻《つま》がもう一度やり直したいと言ってきた。男は盆《ぼん》から水をこぼし、もとにもどすことができたら、やり直してもいいと言ったという昔の中国の話から。

使い方 けんかをしたことをこうかいしても、**覆水《ふくすい》盆《ぼん》に返らず**だ。

一度こぼしたら、
もうもとにはもどらないよ。

ふくろのねずみ

慣用句

意味 追いこまれて、もうにげることができない。

解説 ふくろに入れられたねずみは、にげることができないことから。

使い方 校庭に入ってきたのら犬を、先生たちが倉庫《そうこ》に追いつめた。もう**ふくろのねずみ**だ。

武士《ぶし》は食わねど高ようじ

ことわざ

意味 まずしくても自尊心《じそんしん》を失《うしな》わずに、みっともないことはしない。やせがまんをする。

解説 「高ようじ」は、ようじをゆうゆうと使うこと。自尊心《じそんしん》を大切にする武士《ぶし》は食べるものがなくても、ようじを使い食後のように見せるということから。

使い方 お弁当《べんとう》をわすれてしまったけど、**武士《ぶし》は食わねど高ようじ**。平気な顔をしていよう。

ぶたに真珠《じゅ》

ことわざ

意味 とても価値《かち》のあるものでも、その価値《かち》がわからない人には何の役にも立たない。

解説 ぶたに真珠《じゅ》をやっても、ちっとも価値《かち》がわからないという、キリスト教の聖書《せいしょ》の中の言葉から。

使い方 うちに、りっぱなつぼをくれても**ぶたに真珠《じゅ》**だよ。

【似た意味の言葉】猫《ねこ》に小判《こばん》 ➡8ページ

それ、食べられるの？
？

ぶっきらぼう

慣用句

意味 態度《たいど》や話し方に、かわいらしさや心づかいが感じられない。

解説 「ぶっ切りぼう」が変化《へんか》してできた言葉。ぶっ切っただけのぼうのようすから。

使い方 お兄ちゃんの話し方は**ぶっきらぼう**だけど、気持ちはやさしい。

バキッ

船をこぐ

慣用句

意味 いねむりをする。

解説 からだを前後にゆらしていねむりをするすがたが、船をこぐようすに似《に》ていることから。

使い方 お母さんはよく、テレビを見ながら**船をこいでいる**。

ボートはからだを前後にたおしながらこぐ。手の力だけではうまく進まないんだって。

ふるいにかける

慣用句

意味 たくさんの中から、よいもの、じょうけんに合うものを選《えら》び出す。

解説 「ふるい」は、つぶや粉《こな》を大きさによって分ける道具。のぞんでいる大きさのものを選《えら》び出すことから。

使い方 レギュラーを選《えら》ぶために、選《せん》手《しゅ》全員が**ふるいにかけられた**。

ふるい
あみの目の大きさで、必要《ひつよう》なつぶとそうでないつぶに分けるよ。

付《ふ》和《わ》雷《らい》同《どう》

四字熟語

意味 自分にしっかりした考えがなくて、ほかの人の意見にすぐに賛成《さんせい》してしまう。

解説 「付和《ふわ》」はすぐに人の意見に賛成《さんせい》すること。「雷同《らいどう》」は雷《かみなり》の音にものが鳴りひびくようすから、すぐにほかの人の意見に調子を合わせること。

使い方 みんなが会長の意見に**付《ふ》和《わ》雷《らい》同《どう》**する。

【似た意味の言葉】しり馬に乗る ➡68ページ

へびに見こまれたかえる
ことわざ

意味 おそろしくて、からだがこわばり動かせなくなってしまう。

解説 へびに見つかってしまったかえるは、おそろしくて動けなくなってしまうということから。「へびににらまれたかえる」ともいう。

使い方 あのこわい先生ににらまれたら、**へびに見こまれたかえる**のようになってしまう。

へそが茶をわかす
慣用句

意味 ばかばかしくて、おかしくてたまらない。

解説 相手をばかにする意味で使う言葉。大笑《おおわら》いしたときにへそのあたりの皮が動くようすが、湯がわくようすと似《に》ていることから。「へそで茶をわかす」ともいう。

使い方 そんなばかなことを言うなんて、**へそが茶をわかす**よ。

弁慶《べんけい》の泣《な》き所
ことわざ

意味 ❶向こうずね。❷強い人のただ一つの弱点《じゃくてん》。

解説 とても強い弁慶《べんけい》でさえ、向こうずねをけられると、いたくて泣《な》いたということから。

使い方 ❷昔いためたひざが、あの選手《せんしゅ》の**弁慶《べんけい》の泣《な》き所**だ。

まめ知識

弁慶《べんけい》ってどんな人？

武蔵坊弁慶《むさしぼうべんけい》はとてもからだが大きくて力が強く、京《きょう》の都《みやこ》で人をおそっては刀をうばっていた。ちょうど千本目の刀を源義経《みなもとのよしつね》からうばおうとしたけれど負けてしまい、それからは義経《よしつね》の家来《けらい》となって、とてもよく働《はたら》いたといわれている。

弁慶《べんけい》の泣《な》き所

ほ

ほらをふく

成語故事

意味 とてもありえないでたらめなこと、大げさなことを言う。

解説 「ほら」はほら貝。ほら貝からつくった笛をふくと、とても大きな音が出ることから。

使い方 UFO《ユーフォー》を見たなんて、**ほらをふいて**もだれも信《しん》じないよ。

まめ知識

ほら貝の笛はどんなときに使われた？

ほら貝はまき貝の仲間《なかま》で、とても大きくなる。貝を少しけずり、口でふくための部品をつけて笛にするよ。山で修《しゅ》行《ぎょう》をする者が仲間《なかま》と連《れん》絡《らく》をとるためにふいたり、武士《ぶし》が合戦《かっせん》のときに合図としてふいたりしたんだ。

ぼうずにくけりゃけさまでにくい

ことわざ

意味 ある人をとてもにくく思うと、その人に関係《かんけい》するものがみんなにくくなる。

解説 「けさ」は、僧《そう》が肩《かた》からかける布《ぬの》。

使い方 **ぼうずにくけりゃけさまでにくい**で、けんか相手がかっている犬まで、にくらしく思える。

墓《ぼ》穴《けつ》をほる

慣用句

意味 自分をだめにしたり、立場を悪くしたりするような原因《げんいん》を自分でつくる。

解説 自分で、自分の墓《はか》の穴《あな》をほるということから。

使い方 夏休みの目標《もくひょう》を毎朝のジョギングにするなんて、かんたんに言ってしまって**墓《ぼ》穴《けつ》をほった**。

ぼろが出る

慣用句

意味 かくしていた悪い点や、弱い点が出る。

解説 「ぼろ」はやぶれた服、ぼろきれなどという意味。人にかくしている都合《つごう》の悪い部分が出てしまうということから。

使い方 うっかり言ったひと言で、**ぼろが出た**。

【似た意味の言葉】しっぽを出す、馬脚《ばきゃく》をあらわす➡102ページ、化けの皮がはがれる

まかぬ種《たね》は生えぬ

ことわざ

意味 何もせずに待っていても、よい結果《けっか》は得《え》られない。

解説 種《たね》をまかなければ、何も生えてこないということから。

使い方 勉強もしないで、テストで満点《まんてん》をとろうと思っても無理《むり》。**まかぬ種《たね》は生えぬ**だよ。

シーン
いつ、花がさくのかな……。

幕《まく》を開ける

慣用句

意味 ものごとを始める。ものごとが始まる。

解説 幕《まく》を開けて、しばいを始めることから。

使い方 オリンピックが**幕《まく》を開けた**。

【似た意味の言葉】幕《まく》を上げる

【反対の意味の言葉】幕《まく》を閉《と》じる

幕《まく》

負けるが勝ち

ことわざ

意味 無理《むり》をして争《あらそ》うより、ときには相手に勝ちをゆずったほうが、結局《けっきょく》は自分の得《とく》になる。

解説 争《あらそ》いに勝っても自分が傷《きず》つくこともあるので、今は負けた方が得《とく》だと判断《はんだん》することから。

使い方 妹にけんかで勝ってもおこられるのはぼくだから、ここは**負けるが勝ち**だ。

【似た意味の言葉】にげるが勝ち

待てば海路《かいろ》の日和《ひより》あり

ことわざ

意味 あせらず待っていれば、そのうちチャンスもやってくる。

解説 「海路《かいろ》の日和《ひより》」は、航海《こうかい》するのによい天気。待っていれば、やがておだやかな天気の日もくるという意味。もとは「待てば甘露《かんろ》の日和《ひより》あり(待っていれば、あまい露《つゆ》のふる日もある)」といった。

使い方 **待てば海路《かいろ》の日和《ひより》あり**だ。しばらくようすを見よう。

【似た意味の言葉】果報《かほう》は寝《ね》て待て

今日は海路の日和《ひより》だ!

的《まと》を射《い》る

慣用句

意味 ものごとの中心、重要《じゅうよう》な点をはずさずにうまくとらえる。

解説 射《い》た矢をうまく的《まと》に当てることから。「的《まと》を得《え》る」というのはまちがった言い方。

使い方 話し合いで、**的《まと》を射《い》た**意見や質問《しつもん》が出せるようになりたい。

み

水と油

慣用句

意味 正反対の性質《せいしつ》をもっていて合わない、まとまらない。

解説 水と油は、まじり合わないことから。「油に水」ともいう。

使い方 ぼくとあいつは、**水と油**だ。どうしても意見が合わない。

油
＋
水
＝
水と油はまじり合わない。同じ入れ物に入れると油が上、水が下になって、きれいに分かれるよ。かきまぜても、しばらくするとまた分かれてしまう。

身から出たさび

ことわざ

意味 自分の悪い行いがもとになって、自分が苦しむ。

解説 「身」は刀の刀身《とうしん》という部分のこと。刀の手入れをしていないと、刀身《とうしん》からさびが出て刀が切れなくなってしまうことから。

使い方 遊んでしまったせいで宿題が終わらない。**身から出たさび**だ。

【似た意味の言葉】自業自得《じごうじとく》

刀身《とうしん》
刀が切れなければ、自分の命もあぶないね。

水入らず

慣用句

意味 家族や肉親だけで、他人がまざっていない。

解説 油を親しい者、水を他人にたとえ、油に水が入っていないということから。

使い方 親子**水入らず**で、旅行をした。

水は一てきもまじっていないよ。
水
油

水清《きよ》ければ魚《うお》住まず

故事成語

意味 あまりに心がきれいで、まじめすぎると、かえって人から遠ざけられてしまう。

解説 池や川の水があまり清《きよ》らかだと、かくれる所やえさがないので魚が住まないことから。

使い方 あの先生はまじめすぎて近よりにくい、**水清《きよ》ければ魚《うお》住まず**だ。

【似た意味の言葉】清水《せいすい》に魚《うお》住まず

水のあわ 慣用句

意味 努力《どりょく》したことが、すべてむだになる。

解説 水にうかぶあわが、すぐに消えてしまうことから。

使い方 発表会の日にかぜをひいてしまうなんて、今までの努力《どりょく》が**水のあわ**だ。

【似た意味の言葉】水泡《すいほう》に帰《き》する、ぼうにふる

【反対の意味の言葉】実を結《むす》ぶ ⬇13ページ

水をあける 慣用句

意味 競争《きょうそう》している相手と大きく差《さ》をつける。

解説 水泳やボートのレースで、身長やボートの長さより大きな差《さ》をつけて相手の前を進むということから。

使い方 リレーでは、赤組に**水をあけて**勝った。

水を打ったよう 慣用句

意味 その場にいるたくさんの人たちが、すっかり静《しず》かにしているようす。

解説 「水を打つ」は水をまくこと。ほこりっぽい地面に水をまくと、ほこりがおさまるようすから。

使い方 演奏《えんそう》が始まるという合図で、会場は**水を打ったよう**にしんとした。

水を打つと、ほこりをおさえるだけでなくて、少しすずしくなる。また、その場を清《きよ》める意味もあるんだって。

道草を食う 慣用句

意味 目的地に向かうとちゅうでほかのことにかかわり、時間を使ってしまう。

解説 馬が、道ばたの草を食べてしまい進行がおくれることから。

使い方 **道草を食って**いるらしく、ちっとも帰ってこない。

ちょっとくらい
おくれても
いいよね。
もぐもぐ……。

三日坊主《ぼうず》 四字熟語

意味 ものごとにすぐあきてしまい、何をしても長続《ながつづ》きしない。また、そういう人のこと。

解説 僧《そう》になる決心をしたのに、きびしい修行《しゅぎょう》にたえられなくて、短い期間(三日)でやめてしまうということから。

使い方 **三日坊主《ぼうず》**にならないように、毎朝早起きを続《つづ》けるぞ。

三つ子のたましい百まで ことわざ

意味 小さいころのくせや性格《せいかく》は、年をとっても変《か》わらない。

解説 「三つ子」は三歳《さい》の子ども。「百まで」は百歳《さい》まで、つまり一生のこと。

使い方 **三つ子のたましい百まで**というから、ぼくはこれからもずっと食いしんぼうだ。

【似た意味の言葉】すずめ百までおどりわすれず ⬇70ページ

実るほど頭の下がる稲穂《いなほ》かな
ことわざ

意味 知識《ちしき》もあるすぐれた人になるほど、ほかの人にいばったりせず、ひかえ目になる。

解説 稲《いね》の穂《ほ》は実ってくるほど重たくなり、頭を低《ひく》く下げていくように見えることから。

使い方 あの先生はいばったところがないね。**実るほど頭の下がる稲穂《いな》《ほ》かな**だ。

まめ知識
稲穂《いなほ》ってどんなもの？
稲《いね》は長いくきの先にたくさんの花がさいて、実がなる。たくさんの花や実がつく部分を穂《ほ》というよ。穂《ほ》の先についた実がだんだん大きくなると重さで下を向く。とれる実はみんなが食べるお米だね。びっしりと実のついた稲穂《いなほ》はおめでたいものとして、お守りなどにも使われるよ。

耳にたこができる
慣用句

意味 同じことを何度も聞かされて、いやになる。

解説 たこは、くり返しおされた皮ふがかたくなるもので、手や足によくできる。同じことを聞かされることで、耳にもたこができてしまいそうということから。

使い方 早く寝《ね》なさいって、毎日**耳にたこができる**ほど言われている。

耳をそばだてる
慣用句

意味 よく聞こうとして、注意を集中する。

解説 「そばだてる」は注意を一方に集中するということ。

使い方 家の外で何か変《へん》な音がしたので、**耳をそばだてた**。

【似た意味の言葉】聞き耳を立てる、耳をすます

身もふたもない
慣用句

意味 あまりにもはっきりと、かくさずに言葉や態度《たいど》にあらわして、思いやりがない。

解説 「身」はものを入れるための入れ物。入れ物も、ふたもないと、中身がむきだしになってしまうということから。

使い方 何ごとも金のためだなんて、そんな**身もふたもない**ことを言われたら、話が続《つづ》かない。

身を粉《こ》にする
慣用句

意味 苦労《くろう》することをいやがらないで、いっしょうけんめいに働《はたら》く。

解説 自分のからだがくだけて、粉《こな》になるくらい努力《どりょく》するということから。

使い方 お父さんは毎日、**身を粉《こ》にして**働《はたら》いている。

【似た意味の言葉】粉骨砕身《ふんこつさいしん》、身をくだく

虫の息

慣用句

意味 今にも止まってしまいそうな、とても弱い息。

解説 小さい虫がするような、かすかな息だということから。

使い方 重傷《じゅうしょう》で**虫の息**だった主人公も、なんとか元気をとりもどした。

まめ知識

虫はおなかの穴《あな》で呼吸《こきゅう》する

カブトムシやチョウチョウ、アリやイモムシといった虫たちは、人間とはちがった呼吸《こきゅう》のしかたをしている。鼻や口で息をすったりはいたりするのではなく、おなかの側《そく》面《めん》に息をするための穴《あな》があるんだ。だから虫は頭を水につけても平気だけど、おなかをつけると息ができなくて死んでしまうよ。虫を飼育《しいく》するときは気をつけよう。

無《む》我《が》夢《む》中《ちゅう》

四字熟語

意味 あるものごとに夢中《むちゅう》になって、ほかのことを何も考えられない。

解説 「無我《むが》」は我《われ》をわすれること。

使い方 とてもおなかがすいていたので、**無我夢中《むがむちゅう》**でご飯《はん》を食べた。

【似た意味の言葉】一心不乱《いっしんふらん》

矛《む》盾《じゅん》

故事成語

意味 ものごとの前後がくいちがっていて、すじが通っていない。理屈《りくつ》に合わない。

解説 「矛《ほこ》」は相手をつく武具《ぶぐ》。「盾《たて》」は自分を守る武《ぶ》具《ぐ》。どんな盾《たて》も通す矛《ほこ》とどんな矛《ほこ》も通さない盾《たて》を売る人に、その矛《ほこ》でその盾《たて》をつくとどうなるか聞くと、答えにこまったという昔の中国の話から。

使い方 彼《かれ》の言っていることには**矛盾《むじゅん》**がある。

無《む》用《よう》の長《ちょう》物《ぶつ》

慣用句

意味 あっても役に立たなくて、かえってじゃまになるもの。

解説 「長物《ちょうぶつ》」は長すぎて役に立たないもので、むだなものという意味。

使い方 小さいころ乗っていたベビーカーは、今では**無用《むよう》の長物《ちょうぶつ》**だ。

め

芽《め》が出る

慣用句

意味 幸運がめぐってきて、成功《せいこう》の手がかりがつかめる。成功《せいこう》の前ぶれが起こる。

解説 植物が芽《め》を出すようすから。

使い方 ずっと続《つづ》けてきたサッカーで、やっと**芽《め》が出て**レギュラーになった。

まめ知識

種《たね》と球根、芽《め》が出やすいのは？

植物の芽《め》は、これから大きくなって葉やくきになったり、花になったりするところ。いちばんはじめは、種《たね》や球根から芽《め》が出るよ。球根から芽《め》が出る植物にはチューリップやヒヤシンスがあるね。球根には生長《せいちょう》に必要《ひつよう》な養分《ようぶん》がたっぷりつまっているから、種《たね》よりも芽《め》が出やすく、育てやすいんだって。

目が肥《こ》える

慣用句

意味 よいものをたくさん見てきて、よいか悪いか価値《かち》を見分ける力がつく。

解説 「肥《こ》える」はゆたかになる。たくさん見ることで、見る力がゆたかになるということから。

使い方 お母さんはアンティークの器《うつわ》には**目が肥《こ》えて**いて、うるさいことを言う。

目からうろこが落ちる

慣用句

意味 何かがきっかけとなって、急《きゅう》にものごとの本当のようすがよくわかるようになる。

解説 目の見えなかった男の人の目から、うろこのようなものが落ちて目が見えるようになったという、キリストの起こしたきせきの話から。

使い方 先生の説明《せつめい》で**目からうろこが落ち**、これまでとけなかった問題がとけた。

目から鼻へぬける

慣用句

意味 頭がとてもよく働《はたら》いて、すぐにどうしたらいいか考えられる。また、ぬけ目がない。

解説 目と鼻はとても近いところにある。目から鼻へぬけるくらいに早いということから。

使い方 どんな質問《しつもん》にもすぐに答えられるなんて、**目から鼻へぬける**ような人だ。

目くじらを立てる
慣用句

意味 小さなまちがいや失敗《しっぱい》をさがしては、とり上げてせめる。

解説 「目くじら」は目のはし、目じりのこと。目じりを上げる、するどい目つきから。

使い方 お母さんは何かというと、**目くじらを立てて**おこる。

【似た意味の言葉】目角《めかど》を立てる、目をつり上げる、目を三角にする

目くじら

目くそ鼻くそを笑《わら》う
ことわざ

意味 自分の欠点《けってん》には気がつかないで、人の欠点《けってん》をばかにして笑う。

解説 目くそが自分のきたなさに気づかないで、鼻くそをきたないと笑《わら》うということから。

使い方 お兄ちゃんはさか上がりができないのに、ぼくがとびばこをとべないことをばかにするなんて、**目くそ鼻くそを笑《わら》う**だ。

目は口ほどにものを言う
ことわざ

意味 目の表情《ひょうじょう》は、口で話すのと同じくらいに相手に気持ちを伝《つた》える。

解説 目には気持ちがあらわれるということから。

使い方 **目は口ほどにものを言う**で、お母さんがおこっていることは、だまっていてもすぐにわかる。

〝おなかがすいたよ〟の目

目も当てられない
ことわざ

意味 あまりにもひどいようすで、見ることができない。

解説 「当てる」は真っすぐに向けるという意味。とても真っすぐに見ることができないということから。

使い方 何日かかたづけなかったため、ぼくたちの部屋《へや》は**目も当てられない**ありさまだ。

〝早くさんぽに行こうよ〟の目

人間のように口でしゃべれない犬も、目を見れば気持ちがわかるよね。

目を皿のようにする
慣用句

意味 ものをさがしたり、おどろいたりしたときに、目を大きく見開く。

解説 目を皿のように丸く大きくするようすから。「目を皿にする」ともいう。

使い方 **目を皿のようにして**あちこちさがしたけれど、宿題のプリントが見つからない。

も

もぬけのから

慣用句

意味 人がいなくなったあとの、家やふとん。

解説 「もぬけ」は、せみやへびなどが、だっぴすること。「もぬけのから」はぬけがら。からっぽになったようすから。

使い方 弟を起こしにいったら、ふとんの中は**もぬけのから**で、とっくに出かけていた。

まめ知識

せみのだっぴ

せみは、幼虫《ようちゅう》のときは地面の中でくらしていて、だっぴをするとき地上に出てくる。ほかの虫におそわれないよう、木のみきや葉にとまって夜の間にだっぴするんだって。背《せ》中《なか》の皮がわれ、まだ白いせみがあらわれる。羽がちゃんとのびるまで、からにじっとつかまっているよ。せみが元気に飛《と》んでいったあとに残《のこ》っているのがぬけがらだね。

もちはもち屋

ことわざ

意味 ものごとは、その専門家《せんもんか》にまかせるのがいちばんだ。

解説 もちは、もち屋がついたものがいちばんおいしいということから。

使い方 クリーニングに出したら、洋服のシミがきれいにとれた。やっぱり**もちはもち屋**だ。

ももくり三年かき八年

ことわざ

意味 どんなことも、成果《せいか》が出るまでにはそれなりの時間がかかる。

解説 芽《め》が出てから実がなるまで、ももとくりは三年、かきは八年かかるということから。

使い方 習ったからといって、すぐに上手《じょうず》にピアノがひけるわけではない。**ももくり三年かき八年**だよ。

もも
三年

くり
三年

かき
八年

石を焼《や》く

よく焼《や》いた石に
水をかけたら、
あっというまに
蒸発《じょうはつ》したよ。
ジュ〜

※あぶないからまねしないでね。

焼《や》け石に水

ことわざ

意味 努力《どりょく》や助けが少なくて、きき目がない。

解説 焼《や》けて熱《あつ》くなった石に少しの水をかけても、石を冷《さ》ますことはできないことから。

使い方 つくえの上にものがいっぱいで、少しくらいかたづけても**焼《や》け石に水**だ。

八百長《やおちょう》

慣用句

意味 あらかじめ勝ち負けを決めておいて、勝負《しょうぶ》をしているようなふりをする。

解説 八百屋《やおや》の長兵衛《ちょうべえ》は、とても囲碁《いご》が強いのに、相手のきげんをとるために、ときどきわざと負けるようにしていたことから。

使い方 あの試合《しあい》が**八百長《やおちょう》**だとは思えない。

焼《や》きもちを焼《や》く

慣用句

意味 うらやんだり、ねたんだりする。しっとする。

解説 うらやむ、ねたむ、といった気持ちを「やく」といい、それにしゃれで「もち」をつけた言葉。

使い方 猫《ねこ》を一ぴきだっこすると、もう一ぴきが**焼《や》きもちを焼《や》く**。

役不足《やくぶそく》

慣用句

意味 その人の力にくらべて、あたえられた役目が軽すぎる。

解説 役者が自分の実力に対して、当てられた役を不満《ふまん》に思うことから。

使い方 仕切るのが上手《じょうず》なあの子が、用具係では**役《やく》不足《ぶそく》**だ。リーダーをやってもらおう。

やなぎの下にいつもどじょうはいない

ことわざ

意味 一度ぐうぜんにうまくいったからといって、いつでも同じ方法《ほうほう》でうまくいくものではない。

解説 一度やなぎの木の下でどじょうをつかまえたからといって、いつもそこにどじょうがいるわけではないということから。「やなぎの下にいつもどじょうはおらぬ」ともいう。

使い方 今日はこの作戦《さくせん》で勝てたけれど、**やなぎの下にいつもどじょうはいない**。次は新しい作戦《さくせん》を考えよう。

やぶからぼう

ことわざ

意味 何の前ぶれもなく、とつぜんものごとを行う。

解説 やぶの中から、とつぜんぼうをつき出すということから。

使い方 **やぶからぼう**に走り出すのでびっくりした。

【似た意味の言葉】足下から鳥が立つ ↓30ページ、青天《せいてん》のへきれき ↓71ページ、寝耳《ねみみ》に水 ↓98ページ

やぶへび

ことわざ

意味 よけいなことをしたために、こまった状態《じょうたい》になる。

解説 必要《ひつよう》もないのにやぶをつつき、へびを出してしまうということから。「やぶをつついてへびを出す」ともいう。

使い方 夕食はカレーがいいと言ったら、おつかいをたのまれ、遊びに行けなくなった。**やぶへびだ**。

山をかける

慣用句

意味 万に一つの幸運をねらって、ものごとを行う。そうだろうと予想して、準備《じゅんび》をする。

解説 山の中で鉱脈《こうみゃく》を発見することはめったにできないが、発見したら大きなもうけになることから。「山をはる」ともいう。

使い方 明日の漢字テスト、教科書全部は覚《おぼ》えられないから、**山をかけ**よう。

有名無実《ゆうめいむじつ》

四字熟語

意味 名前だけで、それにつり合うだけの中身がそなわっていない。

解説 「有名」は名前が知られていること。「無実《むじつ》」は実質《じっしつ》がないこと。

使い方 あのチームは**有名無実《ゆうめいむじつ》**で、ひょうばんほど強くないようだ。

油断大敵《ゆだんたいてき》

四字熟語

意味 油断《ゆだん》していると失敗《しっぱい》をする。油断《ゆだん》は大きな敵《てき》だ。

解説 「油断《ゆだん》」は、気をゆるして必要《ひつよう》な注意をなまけること。

使い方 地震《じしん》はいつ起こるかわからない。**油断大敵《ゆだんたいてき》**、しっかり、対策《たいさく》をしておこう。

羊頭狗肉《ようとうくにく》

故事成語

意味 見かけと内容《ないよう》がちがう。りっぱに見せていても、中身がそれに合っていない。

解説 「狗肉《くにく》」は犬の肉。羊の頭をかんばんに出しておいて、実は犬の肉を売っているということから。「羊頭《ようとう》をかかげて狗肉《くにく》を売る」ともいう。

使い方 大きな箱なのに中身はこんなにちょっぴりなんて、**羊頭狗肉《ようとうくにく》**だ。

湯水《ゆみず》のように使う

慣用句

意味 もったいないと思わず、考えもなくお金などを使ってしまう。

解説 湯や水を、もったいないと思わないで使うものにたとえている。

使い方 **湯水《ゆみず》のように使っていれば**、たくさんあったお年玉だってすぐになくなってしまう。

今は、水もとても大切な資源《しげん》と考えられているね。大事に使おう。

横車《よこぐるま》をおす

慣用句

意味 道理に合わない自分の意見を、無理《むり》におし通そうとする。

解説 車を横におして動かすようだということ。

使い方 お父さんは姉の留学《りゅうがく》に反対して、あれこれと**横車《よこぐるま》をおす**。

車は前後にしか動かないよ。

横やりを入れる
慣用句

意味 会話や仕事のとちゅうに、関係《かんけい》のない人が横から口を出してじゃまをする。

解説 二つの軍《ぐん》が戦《たたか》っているときに、ほかの軍《ぐん》が横からやりでついてくることから。

使い方 友達《ともだち》と仲《なか》よく遊んでいたのに、お兄ちゃんが**横やりを入れて**きた。

よしのずいから天井《てんじょう》をのぞく
ことわざ

意味 せまい知識《ちしき》で広い世界のことを決めつける。

解説 「よし（あし・ともいう）」は水辺《みずべ》の植物で、くきが管《くだ》のようになっている。細いよしのくきを通して天井《てんじょう》を見て、天井《てんじょう》全体を見たと思いこむことから。

使い方 それだけしか調べていないのに決めるなんて、**よしのずいから天井《てんじょう》をのぞく**ようだ。

【似た意味の言葉】井《い》の中のかわず大海《たいかい》を知らず ⬇37ページ、はりの穴《あな》から天をのぞく ⬇106ページ

よしず

よしのくきを糸でつないだ「よしず」は、日光をさえぎり風を通すので、夏の日よけや、目かくしによく使われる。

よってたかって
慣用句

意味 たくさんの人が一つの所に集まって、みんなで。

解説 「よって」はある所に近づいて、集まって。「たかって」は集まって、むらがってという意味。

使い方 **よってたかって**悪口を言うなんて、ひどいことだ。

エサになるものがあると、ありはすぐにたかってくるね。同じむれの仲間《なかま》が通ったあとをたどることができるからなんだって。

よらば大樹《たいじゅ》のかげ
ことわざ

意味 たよるのならば、力の大きなものにたよった方がいい。

解説 木の下にかくれるのなら、大きな木の下の方がいいということから。

使い方 ぼくはドッジボールが苦手《にがて》なので、いちばん強い人と同じチームに入れてもらった。**よらば大樹《たいじゅ》のかげ**で。

【反対の意味の言葉】鶏口《けいこう》となるも牛後《ぎゅうご》となるなかれ ⬇57ページ、たいの尾《お》よりいわしの頭 ⬇75ページ

まめ知識

横はばが四十メートルもある木

この大きな木は、「モンキーポッド」という名前の木で、高さは二十五メートル、広がった枝《えだ》のはしからはしまでは四十メートルもあるんだって。この木の下にいたら、暑い日にもすずしそう。雨もよけられるね。

この木の下にいれば安心だ。

や〜よ

らちが明かない

慣用句

意味 ものごとが進まない、問題が解《かい》決《けつ》しない。

解説 「らち」は、馬に乗る練習をするための場所を囲《かこ》むさく、仕切りのこと。ものごとの区切りをあらわす。「らちが明く」で、ものごとがうまく進んで、決着するという意味。

使い方 いくら話していても**らちが明かない**。明日また話し合おう。

【反対の意味の言葉】かたがつく

らち

李《り》下《か》にかんむりを正さず

故事成語

意味 人からうたがわれるようなことは、しない方がいい。

解説 「李《り》」はスモモの木。スモモの木の下で、かんむりが曲がっているのを直そうと手をあげると、スモモの実をぬすむのかとうたがわれることから。

使い方 **李《り》下《か》にかんむりを正さず**で、お店の前をうろうろしない方がいい。

スモモの実はモモに似《に》ているけれど、モモよりすっぱい。それでスモモ（酢桃）といわれるようになったんだって。

竜《りゅう》頭《とう》蛇《だ》尾《び》

故事成語

意味 最《さい》初《しょ》はいきおいがよかったけれど、終わりにはたいしたことがなくなる。

解説 頭は竜《りゅう》で強そうだけど、しっぽはただのへびであることから。

使い方 自転車で日本を旅する計画は、**竜《りゅう》頭《とう》蛇《だ》尾《び》**に終わった。

竜《りゅう》の頭
へびの尾《お》

良《りょう》薬《やく》は口に苦《にが》し

ことわざ

意味 自分のためになる注意や意見ほど、聞くのがつらいものだ。

解説 病気にきくよい薬ほど、苦《にが》くて飲みにくいということから。

使い方 コーチの意見はとてもきびしい。**良《りょう》薬《やく》は口に苦《にが》し**だと思ってがんばろう。

【似た意味の言葉】忠《ちゅう》言《げん》耳にさからう ⬇80ページ

類《るい》は友をよぶ

わざこと

意味 気の合う人や、似《に》ている人同士は、自然《しぜん》に集まる。

解説 「類《るい》」は似《に》ているもの、同じ種類《しゅるい》のものという意味。

使い方 **類《るい》は友をよぶ**で、自然《しぜん》にくいしんぼうが集まった。

【似た意味の言葉】類《るい》をもって集まる

るりもはりも照《て》らせば光る

わざこと

意味 すぐれた素質《そしつ》や才能《さいのう》のあるものは、どこにいても目立ち、すぐにわかる。

解説 「るり」は青い宝石《ほうせき》、「はり」は水晶《すいしょう》。ほかの石といっしょになっていても、光を当てれば、どちらも美しくかがやくということから。

使い方 **るりもはりも照《て》らせば光る**で、あの子は学校でもじゅくでも、よくできることで有名だ。

まめ知識

「るり」と「はり」ってどんな石？

「るり」は青い色がきれいな石で、ラピスラズリともよばれている。日本画をかくための絵の具の原料《げんりょう》にもなっているよ。「はり」は水晶《すいしょう》のこと。とうめいな石で、昔からめずらしいものとして大切にされてきたんだ。

レッテルをはられる

慣用句

意味 一方的《いっぽうてき》に、どんな人か、どんなものかを決めつけられる。

解説 「レッテル」は、ある人やものごとに対して決められた価値《かち》という意味。商品に、どんな品物かがわかるように「レッテル」という紙の札《ふだ》をはることから。

使い方 いたずらっ子の**レッテルをはられて**しまった。

ローマは一日にして成《な》らず

わざこと

意味 努力《どりょく》を続《つづ》け、長い時間をかけなければ、大きなものごとを完成《かんせい》させることはできない。

解説 昔、ローマはとても大きな帝国《ていこく》だった。そのローマも一日でそんな国になったわけではないということから。

使い方 **ローマは一日にして成《な》らず**、かんたんに強いチームはつくれない。

ローマは今、イタリアの首都。今でも、栄《さか》えていたころの建物《たてもの》などがあちこちに残《のこ》っているよ。

論《ろん》より証拠《しょうこ》

わざこと

意味 議論《ぎろん》しているより証《しょう》拠《こ》を出してみせる方が、ものごとははっきりする。

解説 「論《ろん》」はりくつをのべて意見を言い合うこと。

使い方 **論《ろん》より証拠《しょうこ》**だ、実験《じっけん》してみよう。

ら〜ろ

ちょうどいいところに船が……!

わたりに船 慣用句

意味 タイミングよく、必要《ひつよう》なもの、のぞんでいたものを得《え》る。

解説 川をわたりたいと思ったときに、ちょうどそこに船があるということから。

使い方 一人で試験場《しけんじょう》に行くのは心細いと思っていたら、友達《ともだち》からいっしょに行こうとさそわれた。**わたりに船**だ。

わざわいを転じて福となす 故事成語

意味 悪いできごとにあっても、それをうまく利用《りよう》して幸せになるようにする。

解説 すぐれた人、りっぱな行いをする人は、わざわいも幸福へのきっかけとするものだという、中国の昔の書物にある言葉から。

使い方 けがをしたら、みんながとてもやさしいことがわかった。**わざわいを転じて福となす**だ。

笑《わら》う門《かど》には福来たる ことわざ

意味 いつも笑《わら》っている人の家には、自然《しぜん》に幸運がやってくる。

解説 「門《かど》」は家の門。ここでは家や家族のことをあらわす。

使い方 **笑《わら》う門《かど》には福来たる**。みんな仲《なか》良《よ》くして、楽しく笑《わら》ってくらそう。

わらにもすがる 慣用句

意味 追いつめられてどうにもならなくなったときには、どんなものにでもたよってしまう。

解説 わらのような、たよりないものにまで、つかまって助かろうとすることから。

使い方 テストに合格《ごうかく》するよう、**わらにもすがる**思いで、神様にお願《ねが》いした。

【似た意味の言葉】おぼれる者はわらをもつかむ ➡45ページ

もっと知りたい！ 故《こ》事《じ》成《せい》語《ご》のお話

故事というのは、中国の古い書物に書かれているお話。その話がもとになり、できた言葉を故事成語というよ。どんなお話がもとになっているのか、みてみよう。

木によりて魚《うお》を求《もと》む

↓53ページ

出典《しゅってん》『孟子《もうし》』

　斉《せい》という国の王が、自分の国を大きくするためには、好《す》きではない戦争《せんそう》をするのもしかたがないと考え、学者の孟子《もうし》にそう伝《つた》えました。すると孟《もう》子《し》は「それは木にのぼって魚をとろうとするように、できるはずがないまちがった方法《ほうほう》です。」と答え、続《つづ》けて言いました。

「今、天下には九つの大国があります。斉《せい》はその中のひとつにすぎません。斉《せい》がほかの八つの国を征《せい》服《ふく》しようとするのは、小さな国が大きな国を相手にするのと同じことです。国を大きくできないどころか、戦《たたか》いに負け、大きな災難《さいなん》をまねくでしょう。」

　そして、「王としてりっぱな政治《せいじ》を行えば、みんながこの国でくらしたいと願《ねが》い、ほかの国からも人が集まってきて、自然《しぜん》に大きな国になるでしょう。」と別《べつ》の方法《ほうほう》をすすめたのです。それを聞いて感銘《かんめい》をうけた斉《せい》の王は、孟子《もうし》に、もっといろいろ教えてほしいと願いました。

漁《ぎょ》夫《ふ》の利《り》

↓53ページ

出典『戦国策《せんごくさく》』

　趙《ちょう》という国が燕《えん》の国をせめようとしていました。それを知った燕《えん》の王は、せめるのを中止させるために趙《ちょう》の王に蘇代《そだい》という使者を出しました。

　蘇《そ》代《だい》は趙《ちょう》につくと、このように伝《つた》えました。

「わたしがここに来るとき、貝が口をあけてひなたぼっこをしていました。そこへしぎがやってきて貝の肉をつつくと、貝は口をとじ、しぎのくちばしをはさみこんだのです。どちらもいじをはって相手をはなしません。すると漁夫《ぎょふ》がきて、しぎも貝もとっていってしまいました。趙《ちょう》と燕《えん》が長く戦《たたか》えば、すきを見ている秦《しん》の国が漁夫《ぎょふ》にならないか心配です。」

　この話を聞いて、趙《ちょう》の王は、燕《えん》をせめるのをやめたということです。

鶏口《けいこう》となるも牛後《ぎゅうご》となるなかれ

↓57ページ

出典『史記《しき》』

　いくつもの国が争《あらそ》っていた戦国時代《せんごくじだい》、西側《がわ》にある秦《しん》という国の力がとても大きくなり、ほかの国が秦《しん》の強さになやんでいたときのことです。蘇秦《そしん》という人は「東側にある趙《ちょう》、韓《かん》、魏《ぎ》、斉《せい》、楚《そ》、燕《えん》の六つの国が同盟《どうめい》を結《むす》び、力を合わせて秦《しん》に対抗《たいこう》する」という「合従《がっしょう》の策《さく》」をそれぞれの国に説《と》いてまわっていました。

　韓《かん》の国に蘇秦《そしん》が行ったときのこと。蘇秦《そしん》は「韓《かん》は領土《りょうど》も広く兵士《へいし》たちもとても強い。」とまず韓《かん》をほめたたえました。そして「それなのに秦《しん》につかえることになっては、天下の笑《わら》い者。にわとりの頭（小国の王）となっても、牛のしり（大国の家臣《かしん》）になるべきではありません。秦《しん》につかえることは、まさに牛のしりとなることと同じです。」と話したのです。

　それを聞いた韓《かん》の王は秦《しん》に降伏《こうふく》するのをやめ、「合従《がっしょう》」に加《くわ》わることを約束《やくそく》しました。

蛍《けい》雪《せつ》の功《こう》

⬇57ページ

出典『蒙求《もうぎゅう》』『晋書《しんじょ》』

孫康《そんこう》という青年の家はまずしくて、明かりをともすための油を買うお金もありませんでした。そこで孫康《そんこう》は、冬になるといつも雪の明かりで本を読んでいました。また、小さいころから心が清《きよ》らかな孫康《そんこう》は、目標《もくひょう》が同じ仲間《なかま》とつきあって勉強にはげんだのです。

同じ時代に車胤《しゃいん》という努力家《どりょくか》の青年がいました。なまけずにたくさんのことを学び、とても物知りでしたが、車胤《しゃいん》の家もまずしく、油も買えません。そこで車胤《しゃいん》は夏には白い絹《きぬ》のふくろに数十ぴきの蛍《ほたる》を集め、その光で夜おそくまで読書をし、勉強にはげみました。

そのようにたいへんな努力を重ねた二人は、のちに役人となります。そして孫康《そんこう》は御子大夫《ぎょしたいふ》、車胤《しゃいん》は吏部尚書《りぶしょうしょ》というとても高い位《くらい》の役人にまでなったということです。

五《ご》十《じっ》歩《ぽ》百《ひゃっ》歩《ぽ》

⬇60ページ

出典『孟子《もうし》』

梁《りょう》という国の王は、自分は国の人のことを考え、国の政治《せいじ》にとても心をつくしていると思っていました。それは周囲《しゅうい》の国の王とくらべられないほどのはずなのに、どうして自分の国にほかの国の人たちがやってこないのか、ふしぎでなりません。そこで孟子《もうし》という学者にたずねたのです。

すると孟子《もうし》は、王に問いかけました。

「では、戦《たたか》いをたとえにして、話をしましょう。戦いの真っ最中《さいちゅう》に、よろいをぬぎすて、武器《ぶき》をひきずってにげ出す者がいました。ある者は百歩にげたところで止まり、ある者は五十歩のところでとどまりました。このとき、五十歩にげた者が、百歩にげた者をおくびょう者と笑《わら》ったとしたら、王はどう考えるでしょう。」

王は答えました。「それは理くつにあわない、ばかげたことだ。五十歩でも百歩でも、にげたことにかわりはない。」

それを聞いて孟子《もうし》はこう言ったのです。

「王よ、それがおわかりなら、まわりの国より人がふえてほしいなどと期待《きたい》しないことです。王が行《おこな》ってきた政治《せいじ》は、まだまだ不十分《ふじゅうぶん》。ほかの国とくらべて五十歩百歩なのです。」

そして、孟子《もうし》は自分の考える理想の政治を、王にとなえました。

五《ご》里《り》霧《む》中《ちゅう》

⬇61ページ

出典『後漢書《ごかんじょ》』

張楷《ちょうかい》というすぐれた学者がいました。とても有名で弟子《でし》も多かったのですが、何度さそわれても役人にはなろうとせず、いなかにうつり住んでしまいます。うつり住んだ先にも弟子がついていき、学者や役人たちが教えを受けようとたずねていって、大変《たいへん》なさわぎになったそうです。

この張楷《ちょうかい》は、学問ばかりでなく道術《どうじゅつ》も好《この》み、「五《ご》里《り》霧《む》」という五里四方にわたる霧《きり》を起こすことができました。そのため、会いたくない人がいると、その霧を起こして、すがたをくらましたといいます。

そのころ、同じように道術で霧を起こすことができる裴優《ひゆう》という人がいました。しかし、張楷《ちょうかい》よりも力が弱く、三里四方の霧しか起こせません。そこで裴優《ひゆう》は、張楷《ちょうかい》に弟子入りをして術を学びたいと願《ねが》ったのですが、張楷《ちょうかい》はこのときもすがたをかくして会わなかったということです。

「五里霧《ごりむ》」は、もともと自分のすがたをくらますためのものでしたが、のちにこれが「五里霧中《ごりむちゅう》」という言葉になり、霧《きり》に迷《まよ》って進むべき道がわからないという意味をあらわすようになりました。

推敲《すいこう》

69ページ

出典『唐詩紀事《とうしきじ》』

賈島《かとう》という有名な詩人がまだ若《わか》いときのお話です。役人になるための試験《しけん》を受けに長安《ちょうあん》の都《みやこ》にやってきた賈島《かとう》は、ろばに乗っているときに詩を思いつきました。しかし、その詩の中の「僧《そう》は推《お》す月下《げっか》の門」という句《く》がしっくりきません。

「僧は敲《たた》く月下の門」のほうがいいだろうか、と賈島《かとう》は考えました。「推す」にするか「敲く」にするか、賈島《かとう》が手で推すまねをしたり、敲くまねをしたり、夢中《むちゅう》になって考えているうちに、乗っていたろばが役人の行列につっこんでしまいました。

その列は都の長官《ちょうかん》である韓愈《かんゆ》のものでした。賈《か》島《とう》はたちまちつかまり、韓愈《かんゆ》の前につれていかれました。そしてしかたなく、詩を考えていたことを話したところ、名文家として知られていた韓愈《かんゆ》はしばらく考え「それは敲くのほうがいいだろう。」と答えました。

そして二人は、馬とろばをならべて歩きながら詩について語り合ったということです。

竹馬《ちくば》の友

80ページ

出典『世説新語《せせつしんご》』『晋書《しんじょ》』

東晋《とうしん》という国には皇帝《こうてい》がいましたが、桓温《かんおん》という将軍《しょうぐん》が大きな力をもっていました。おもしろくない皇帝は、殷浩《いんこう》という人物を新しく将軍にとりたて、桓温《かんおん》の力をおさえようとしました。

殷浩《いんこう》は、すぐれた哲学者《てつがくしゃ》として早くから名前を世に知られていた人物でした。しかし、いざ軍をまかせてみると、殷浩《いんこう》の軍は戦《たたか》いに負けてばかりです。とうとう殷浩《いんこう》は役目をとかれ、都《みやこ》から追い出されてしまいました。そのとき桓温《かんおん》は、

「殷浩《いんこう》とわたしは子どものころ、いっしょに竹馬《たけうま》で遊んでいたものだが、いつもわたしがあきて乗りすてた竹馬を殷浩《いんこう》が拾って遊んでいた。だから殷《いん》浩《こう》がわたしの下になるのは当然《とうぜん》だ。」と言ったそうです。

それからしばらくして、桓温《かんおん》は殷浩《いんこう》をかわいそうに思ったのか、官位《かんい》をさずけようと手紙を出しました。殷浩《いんこう》はとても喜《よろこ》んでお礼の手紙を書いたのですが、まちがいがないか、文箱《ふばこ》から出したり入れたりしてたしかめているうちに、うっかり中身を入れないまま出してしまいました。そのことで桓温《かんおん》をおこらせ、結局《けっきょく》官位につけないまま一生を終えたということです。

殷浩《いんこう》と桓温《かんおん》においては、決してよい意味で使われた言葉ではありませんが、現在《げんざい》では「竹馬《ちくば》の友」というと、仲《なか》のよいおさななじみの意味をあらわすようになりました。

とうろうのおの

88ページ

出典『韓詩外伝《かんしがいでん》』

斉《せい》の国の荘公《そうこう》が狩《か》りに出たときのことです。一ぴきのかまきり(とうろう)が車にふみつぶされそうになりながらも、前あしをあげ、荘公《そうこう》の車《しゃ》輪《りん》に向かってきました。

荘公《そうこう》がそれを見つけて「あれは何という虫か。」と御者《ぎょしゃ》にたずねると、御者は「あれはかまきりという虫です。あの虫は進むことしか知らず、引きさがることを知りません。自分の力がどのくらいなのかをまったく心得《こころえ》ずに、大きな敵《てき》も軽くみて向かって行くのです。」と答えました。

それを聞いた荘公《そうこう》は「この虫がもし人間だったら、きっと天下に名前を知られる勇者《ゆうしゃ》となっていたことだろう。」と言って、わざわざ車を回し、かまきりをよけて進んでいったということです。

背《はい》水《すい》の陣《じん》

↓102ページ

出典『史記《しき》』

漢《かん》の国の名高い武将《ぶしょう》、韓信《かんしん》は、趙《ちょう》の国の大軍と戦《たたか》ったときに、わざと川を背《せ》にして陣《じん》をしきました。そのころの兵法《へいほう》(戦いの方法《ほうほう》)では、水を前に山を背にして陣をしくのが基本《きほん》とされ、川を背にするのは危険《きけん》なこととされていたので、韓信《かんしん》の陣を見た趙《ちょう》の軍は兵法の基本も知らないと笑《わら》い、ばかにしました。

ところが、いざ戦いが始まってみると、にげ道のない漢《かん》軍の兵は死にものぐるいで戦ったので、敵《てき》をばかにし、あまくみていた趙《ちょう》軍は少ない相手をうちくずすことができず、ついには負けてしまったのです。

勝利《しょうり》のお祝《いわ》いの席で、家来たちが韓信《かんしん》にどうしてわざと危険な陣をしいたのか聞くと、「これも兵法にある戦い方だ。生きるのぞみのないような危険な場所に自分をおいてこそ、はじめて生きる道がひらけるというじゃないか。」と韓信《かんしん》は答え、家来たちを感心させたということです。

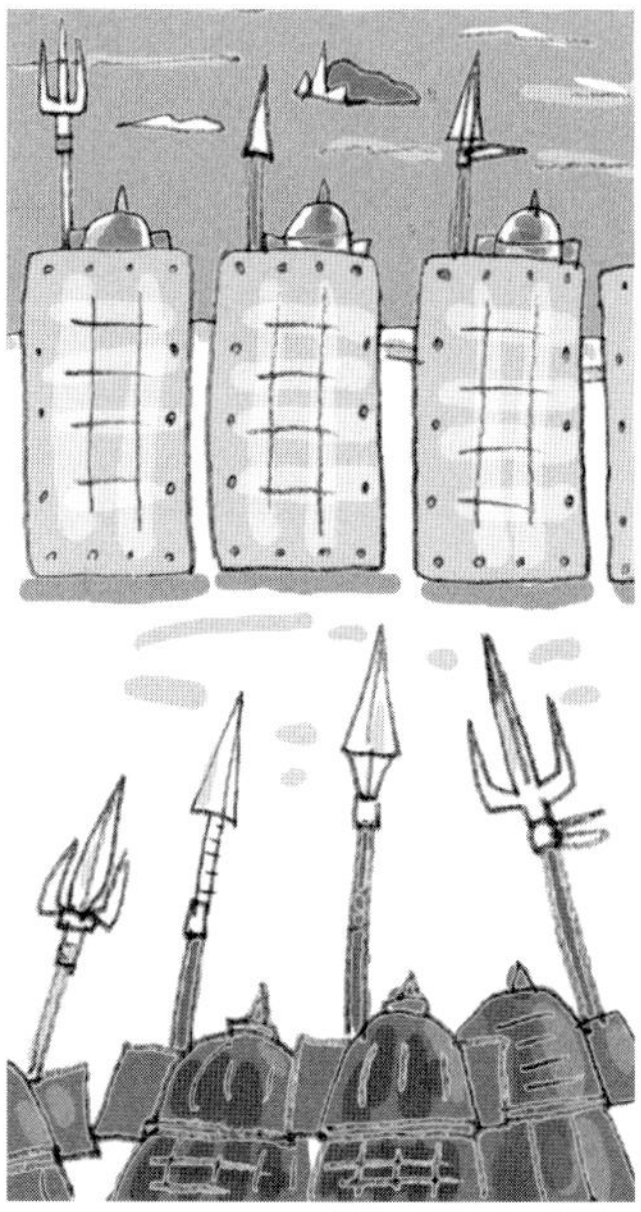

破《は》竹《ちく》のいきおい

↓103ページ

出典『晋書《しんじょ》』

晋《しん》の国が、呉《ご》という国をほろぼして天下を統一《とういつ》しようと戦《たたか》いを始めました。大軍で、あっというまにせめこみ、呉《ご》の都にあと一歩までせまったときのことです。晋《しん》の軍の武将《ぶしょう》たちが集まり、これからの作戦《さくせん》をねることになりました。

一人が「もう春もなかば、雨も多くなり、病気もはやるでしょう。ここは一度軍を引いて、冬になったらまたせめこむのがいいのではないか。」という意見を出しました。

しかし杜預《とよ》という将軍《しょうぐん》は「今、わが軍はいきおいにのっている。たとえて言えば、竹をさくようなものだ。節《ふし》に刀を入れれば、自然《しぜん》にさけていき、力を加《くわ》える必要《ひつよう》もない。この機会《きかい》をのがしてはいけない。」と答えたのです。そして、ただちに攻撃《こうげき》の準備《じゅんび》をととのえると、一気に呉《ご》の都にせめこみました。

杜預《とよ》の言った通り、まもなく呉《ご》は降伏《こうふく》したということです。

百《ひゃく》聞《ぶん》は一《いっ》見《けん》にしかず

↓109ページ

出典『漢書《かんじょ》』

西の方の民族《みんぞく》が反乱《はんらん》を起こし、なかなかおさまりません。皇帝《こうてい》はとても心配し、だれに反乱軍をしずめる任務《にんむ》をまかせたらいいか、趙充国《ちょうじゅうこく》という年をとった将軍《しょうぐん》に相談しました。

すると「それなら、わたしよりほかに、ふさわしい者はおりません。」と、そのときすでに七十歳《さい》をこえていた趙充国《ちょうじゅうこく》は元気いっぱいに答え、自分に反乱軍をしずめさせてほしいと願《ねが》ったのです。

趙充国《ちょうじゅうこく》は、りっぱな戦《たたか》いをしてきたとてもすぐれた将軍だったので皇帝は心強く思い、「将軍はどのような作戦《さくせん》をとるのか。どのくらいの兵力《へいりょく》が必《ひつ》要《よう》になるのか。」とたずねました。

すると趙充国《ちょうじゅうこく》は答えました。

「百聞は一見にしかず。軍事《ぐんじ》はその場を遠くはなれたところからでは考えられないものです。できれば、すぐにでも現地《げんち》にかけつけ、地形を図にし、それから作戦をねらせていただきます。」

皇帝は笑《わら》ってうなずきました。

現地についた趙充国《ちょうじゅうこく》は地形や民族の勢力《せいりょく》をくわしく調べて作戦をたて、みごとに反乱をおさめることに成功《せいこう》したのです。

調べてみよう！ 仲間《なかま》のことわざ

ことわざ・慣用句《かんようく》・故事成語《こじせいご》・四字熟語《よじじゅくご》には、いろいろなものの名前をあらわす言葉が入っています。同じ言葉が入ったことわざにはどんなものがあるか、調べてみましょう。

※うすい色の文字は【似《に》た意味の言葉】【反対の意味の言葉】で取り上げた言葉です。

からだ

【頭・かみ】

- 頭かくしてしりかくさず……31
- 頭の上のはえを追え……31
- 頭をかかえる……31
- 頭をひねる……31
- 頭をもたげる……31
- いわしの頭も信心《しんじん》から……37
- 頭《ず》が高い……59
- たいの尾《お》よりいわしの頭……75
- 頭角《とうかく》をあらわす……87
- 実るほど頭の下がる稲穂《いなほ》かな……117
- 羊頭狗肉《ようとうくにく》……124
- 竜頭蛇尾《りゅうとうだび》……126
- 危機一髪《ききいっぱつ》……52

ほかにもこんな言葉があるよ

- 頭寒足熱《ずかんそくねつ》……頭を冷《つめ》たくし、足をあたためることが、健康《けんこう》のためによい。
- 後《うし》ろがみを引かれる……気になることがあって先に進みにくい。心残《のこ》りがする。

【顔・面《つら》・ひたい】

- 顔に泥《どろ》をぬる……46
- 顔をよごす……46
- 顔をつぶす……46
- 厚顔無恥《こうがんむち》……83
- かえるの面《つら》に水……46
- 面《つら》の皮があつい……83
- 泣き面《つら》にはち……92
- 猫《ねこ》のひたい……9
- ひたいを集める……107

ほかにもこんな言葉があるよ

- 仏《ほとけ》の顔も三度……どんなにやさしい人でも、何度もひどいことをされればおこり出す。
- 顔から火が出る……はずかしくて顔が真っ赤になる。

【目・鼻】

- うの目たかの目……40
- 大目玉《おおめだま》を食う……43
- 傍目八目《おかめはちもく》……27
- 鬼《おに》の目にもなみだ……44
- かべに耳あり障子《しょうじ》に目あり……49
- 二階から目薬……94
- 猫《ねこ》の目のように変《か》わる……97
- 目が肥《こ》える……119
- 目角《めかど》を立てる……120
- 目からうろこが落ちる……119
- 目から鼻へぬける……119
- 目くじらを立てる……120
- 目くそ鼻くそを笑《わら》う……120
- 目は口ほどにものを言う……120
- 目も当てられない……120
- 目を皿のようにする……120
- 目を三角にする……120
- 目をつり上げる……120
- 弱り目にたたり目……92

ほかにもこんな言葉があるよ

- 目には目を歯には歯を……相手にひどいことをされたら、同じ方法《ほうほう》でやり返す。
- 目の上のこぶ……自分より立場や実力が上にあって、目ざわりな人やもの。

【口・歯・のど】

- 開いた口がふさがらない……28
- 異口同音《いくどうおん》……34
- 口がかたい……55
- 口が軽い……55
- 口八丁手八丁……55
- 口はわざわいの門《かど》……55
- 口をそろえる……55
- 鶏口《けいこう》となるも牛後《ぎゅうご》となるなかれ……57
- 目は口ほどにものを言う……120
- 良薬《りょうやく》は口に苦《にが》し……126
- 奥歯《おくば》にものがはさまったよう……105
- ごまめの歯ぎしり……60
- 歯に衣《きぬ》を着せない……105
- のどもとすぎれば熱《あつ》さをわすれる……101

ほかにもこんな言葉があるよ

- 口車《くちぐるま》に乗せる……口先だけの、都合《つごう》のよい話で相手をうまくだます。
- 歯の根が合わない……寒さやおそろしさで、がたがたふるえるようす。

【耳】

- 馬の耳に念仏《ねんぶつ》……40
- かべに耳あり障子《しょうじ》に目あり……49
- 聞き耳を立てる……117
- 忠言《ちゅうげん》耳にさからう……80
- 寝耳《ねみみ》に水……98
- 馬耳東風《ばじとうふう》……103
- 耳にたこができる……117
- 耳をすます……117
- 耳をそばだてる……117

【うで・手・つめ】
のれんにうでおし …… 101
やせうでにもほね …… 36
足手まとい …… 30
口八丁手八丁 …… 55
上手《じょうず》の手から水がもる …… 67
触手《しょくしゅ》をのばす …… 67
手ぐすねを引く …… 84
手塩《てしお》にかける …… 84
手玉に取る …… 18
手にあせをにぎる …… 85
手の平《ひら》を返す …… 18
手も足も出ない …… 85
手を切る …… 30
手をにぎる …… 19
手を結《むす》ぶ …… 19
手を焼《や》く …… 86
ぬれ手であわ …… 19
猫《ねこ》の手も借りたい …… 9
両手に花 …… 19
つめのあかをせんじて飲む …… 83
能《のう》あるたかはつめをかくす …… 100

ほかにもこんな言葉があるよ
- うでによりをかける……自分の能力《のうりょく》や技《ぎ》術《じゅつ》をできるだけ出そうとして、がんばる。
- かい犬に手をかまれる……かわいがってめんどうをみていた人にうらぎられる。

【足・ひざ】
あげ足を取る …… 23
足が地に着かない …… 30
足が地に着く …… 30
足手まとい …… 30
足下《あしもと》から鳥が立つ …… 30
足を洗《あら》う …… 30
いさみ足 …… 23
蛇足《だそく》 …… 76
手も足も出ない …… 85
二の足をふむ …… 95
ひざを交《まじ》える …… 107

【肩《かた》・腹《はら》・腰《こし》・へそ】
肩《かた》すかしを食う …… 22
肩《かた》をならべる …… 48
腹《はら》を固《かた》める …… 106
腹《はら》をくくる …… 106
腹《はら》をすえる …… 106
腰《こし》が高い …… 59
腰《こし》が強い …… 59
腰《こし》が低《ひく》い …… 59
腰《こし》をすえる …… 60
へそが茶をわかす …… 112
へそを曲げる …… 83

ほかにもこんな言葉があるよ
- 肩《かた》身《み》がせまい……引け目を感じる。はずかしく思う。
- 腹《はら》がへっては戦《いくさ》ができぬ……おなかがすいていては、しっかり働《はたら》くことはできない。
- 話の腰《こし》をおる……人が話しているとちゅうでじゃまをする。

動物

【猫《ねこ》】
借《か》りてきた猫《ねこ》 …… 8
猫舌《ねこじた》 …… 97
猫《ねこ》にかつお節《ぶし》 …… 9
猫《ねこ》に小判《こばん》 …… 8
猫《ねこ》の手も借《か》りたい …… 9
猫《ねこ》のひたい …… 9
猫《ねこ》の目のように変《か》わる …… 97
猫《ねこ》ばばを決めこむ …… 97

ほかにもこんな言葉があるよ
- 窮鼠《きゅうそ》猫《ねこ》をかむ……弱いものでも、追いつめられれば強いものに立ち向かうことがある。
- 猫《ねこ》もしゃくしも……だれでもみんな。

【犬・猿《さる》】
犬に論語《ろんご》 …… 40、103
犬の遠ぼえ …… 37
犬も歩けばぼうに当たる …… 37
犬猿《けんえん》の仲《なか》 …… 57
猿《さる》も木から落ちる …… 63

【馬】
馬が合う …… 40
馬の耳に念仏《ねんぶつ》 …… 40
しり馬に乗る …… 68
天高く馬こゆる秋 …… 86
馬脚《ばきゃく》をあらわす …… 102
馬耳東風《ばじとうふう》 …… 103
ひょうたんからこまが出る …… 109

ほかにもこんな言葉があるよ
- 生き馬の目をぬく……動きがすばやく、ゆだんできない。
- 将《しょう》を射《い》んとほっすればまず馬を射《い》よ……目的《もくてき》を果《は》たそうと思ったら、まわりから働《はたら》きかけたほうがうまくいく。

【虎《とら》・獅子《しし》】※獅子《しし》はライオンのこと。
虎穴《こけつ》に入《い》らずんば虎子《こじ》を得《え》ず …… 59
虎視眈眈《こしたんたん》 …… 60
前門《ぜんもん》の虎後門《こうもん》のおおかみ …… 72
虎《とら》につばさ …… 44
虎《とら》の威《い》を借《か》るきつね …… 90
はり子の虎《とら》 …… 106
ねむれる獅子《しし》 …… 99

【鳥】
足下《あしもと》から鳥が立つ …… 30
一石二鳥《いっせきにちょう》 …… 7
立つ鳥あとをにごさず …… 77
飛《と》ぶ鳥を落とすいきおい …… 89
鳥なき里のこうもり …… 90
鳥はだが立つ …… 90
うのまねをするからす …… 39

うのみにする……40
うの目たかの目……40
能《のう》あるたかはつめをかくす……100
すずめのなみだ……70
すずめ百までおどりわすれず……70
門《もん》前《ぜん》雀《じゃく》羅《ら》をはる……51
鶴《つる》の一《ひと》声《こえ》……6
鶴《つる》は千年亀《かめ》は万年……83
とんびがたかを生む……91
とんびに油あげをさらわれる……91
烏《う》合《ごう》の衆《しゅう》……38
からすの行《ぎょう》水《ずい》……51
おうむ返し……6
おしどり夫《ふう》婦《ふ》……43
かもがねぎをしょって来る……50
かんこ鳥が鳴く……51
きじの草がくれ……31
きじも鳴かずばうたれまい……7
鶏《けい》口《こう》となるも牛《ぎゅう》後《ご》となるなかれ……57
はとが豆でっぽうを食ったよう……104
目《め》白《じろ》おし……7

【魚・貝】

魚《うお》心《ごころ》あれば水《みず》心《ごころ》……38
木によりて魚《うお》を求《もと》む……53
水《すい》魚《ぎょ》の交《まじ》わり……69
清《せい》水《すい》に魚《うお》住まず……115
にがした魚は大きい……11
水清《きよ》ければ魚《うお》住まず……115
雑《ざ》魚《こ》寝《ね》……11
いわしの頭も信《しん》心《じん》から……37
たいの尾《お》よりいわしの頭……75
えびでたいをつる……10
くさってもたい……55
うなぎの寝《ね》床《どこ》……10
うなぎのぼり……39
さばを読む……62
とどのつまり……89
まな板のこい……11
畑にはまぐり……53
やなぎの下にいつもどじょうはいない……123

【亀《かめ》・かえる・へび・とかげ】

亀《かめ》の甲《こう》より年の劫《こう》……50
鶴《つる》は千年亀《かめ》は万年……83
月とすっぽん……82
井《い》の中のかわず大《たい》海《かい》を知らず……37
かえるの子はかえる……46
かえるの面《つら》に水……46
蛇《じゃ》の道はへび……66
蛇《だ》足《そく》……76
へびにかまれて朽《く》ちなわに怖《お》じる……32
へびに見こまれたかえる……112
やぶへび……123
竜《りゅう》頭《とう》蛇《だ》尾《び》……126
とかげのしっぽ切り……89

【虫】

一《いっ》寸《すん》の虫にも五《ご》分《ぶ》のたましい……36
たで食う虫も好《す》き好《す》き……77
飛《と》んで火に入《い》る夏の虫……91
虫の息……118
あぶはちとらず……33
牛の角《つの》をはちがさす……46
泣《な》き面《つら》にはち……92
はちの巣《す》をつついたよう……104
頭の上のはえを追え……31
くもの子を散《ち》らす……56
蛍《けい》雪《せつ》の功《こう》……57
玉《たま》虫《むし》色《いろ》……79
とうろうのおの……88
とんぼ返り……91
なめくじに塩《しお》……29

ほかにもこんな言葉があるよ

- 小の虫を殺《ころ》して大の虫を助ける……大きなことを成《な》しとげるため、小さなことはがまんする。
- しり切れとんぼ……ものごとがとちゅうで終わってしまい、ちゅうとはんぱ。

【その他】

大《たい》山《ざん》鳴《めい》動《どう》してねずみ一ぴき……75
ぬれねずみ……96
ふくろのねずみ……110
同じ穴《あな》のむじな……44
猪《ちょ》突《とつ》猛《もう》進《しん》……81
鳥なき里のこうもり……90
二《に》兎《と》を追う者は一《いっ》兎《と》をも得《え》ず……95
引っぱりだこ……107
ぶたに真珠《じゅ》……111
羊《よう》頭《とう》狗《く》肉《にく》……124

ほかにもこんな言葉があるよ

- きつねにつままれたよう……どうしてそうなったのかわからずに、ぼんやりする。
- とらぬたぬきの皮《かわ》算《ざん》用《よう》……手に入るかどうかわからないものをあてにして、計画を立てる。

【想《そう》像《ぞう》上の生き物】

鬼《おに》に金《かな》ぼう……44
鬼《おに》の目にもなみだ……44
かっぱに水《すい》練《れん》……65
かっぱの川流れ……49
画《が》竜《りょう》点《てん》睛《せい》……51
登《とう》竜《りゅう》門《もん》……88
竜《りゅう》頭《とう》蛇《だ》尾《び》……126
しゃちほこばる……66
天《てん》狗《ぐ》になる……86

ほかにもこんな言葉があるよ

- 鬼が出るか蛇《じゃ》が出るか……これからどんなおそろしいことが起こるのか、予想がつかない。
- 来年のことを言えば鬼《おに》が笑《わら》う……先のことはわからないので、あれこれ話してもしかたがない。
- 疑《ぎ》心《しん》暗《あん》鬼《き》……うたがう気持ちがあると、何でもないことまでおそろしく、信じられなくなる。
- おかに上がったかっぱ……環《かん》境《きょう》が変《か》わったために、これまでの実力を出せなくなる。

植物

【花・木・草など】

高ねの花 …… 74
月にむら雲、花に風 …… 82
となりの花は赤い …… 89
話に花がさく …… 104
花に嵐《あらし》 …… 82
花よりだんご …… 105
両手に花 …… 19
立てば芍薬《しゃくやく》すわれば牡丹《ぼたん》 歩くすがたは百合《ゆり》の花 …… 12
かれ木も山のにぎわい …… 51
木に竹をつぐ …… 52
木によりて魚《うお》を求《もと》む …… 53
猿《さる》も木から落ちる …… 63
しんぼうする木に金がなる …… 34
よらば大樹《たいじゅ》のかげ …… 125
やなぎに風 …… 12
やなぎの下にいつも どじょうはいない …… 123
竹をわったよう …… 76
破竹《はちく》のいきおい …… 103
雨後《うご》のたけのこ …… 38
きじの草がくれ …… 31
草の根を分けてさがす …… 54
道草を食う …… 116
青は藍《あい》より出でて藍《あい》よりも青し …… 29
うどの大木《たいぼく》 …… 13
たで食う虫も好《す》き好《す》き …… 77
よしのずいから天井《てんじょう》をのぞく …… 125
事実無根《じじつむこん》 …… 99
根ほり葉ほり …… 98
根も葉もない …… 99
根をはる …… 99
芽《め》が出る …… 119
まかぬ種《たね》は生えぬ …… 114

ほかにもこんな言葉があるよ

- 木を見て森を見ず……ものごとの細かいことを気にして、全体をとらえていない。
- 枝葉末節《しようまっせつ》……ものごとにとって重要《じゅうよう》ではない、どうでもよい細かい部分。

【野菜・実など】

いもづる式 …… 13
いものにえたもごぞんじない …… 14
いもを洗《あら》うよう …… 15
青菜《あおな》に塩《しお》 …… 29
うり二つ …… 41
火中《かちゅう》のくりを拾う …… 48
かもがねぎをしょって来る …… 50
さんしょうは小つぶでも ぴりりとからい …… 63
どんぐりのせいくらべ …… 91
ぬれ手であわ …… 19
ひょうたんからこまが出る …… 109
実るほど頭の下がる稲穂《いなほ》かな …… 117
実を結《むす》ぶ …… 13
ももくり三年かき八年 …… 121
李下《りか》にかんむりを正さず …… 126

自《し》然《ぜん》

【天気】

雨だれ石をうがつ …… 33
雨ふって地固《じかた》まる …… 33
雨後《うご》のたけのこ …… 38
横板に雨だれ …… 77
晴耕雨読《せいこううどく》 …… 71
雲泥《うんでい》の差《さ》 …… 41
雲をつかむ …… 56
月にむら雲、花に風 …… 82
風上《かざかみ》に置《お》けない …… 47
風がふけばおけ屋がもうかる …… 47
花鳥風月《かちょうふうげつ》 …… 48
順風満帆《じゅんぷうまんぱん》 …… 67
馬耳東風《ばじとうふう》 …… 103
やなぎに風 …… 12
蛍雪《けいせつ》の功《こう》 …… 57
青天《せいてん》のへきれき …… 71
花に嵐《あらし》 …… 82
付和雷同《ふわらいどう》 …… 111

【水】

魚心《うおごころ》あれば水心《みずごころ》 …… 38
遠水《えんすい》は近火《きんか》を救《すく》わず …… 88
かえるの面《つら》に水 …… 46
かっぱに水練《すいれん》 …… 65
我田引水《がでんいんすい》 …… 49
からすの行水《ぎょうずい》 …… 51
上手《じょうず》の手から水がもる …… 67
水魚《すいぎょ》の交《まじ》わり …… 69
水泡《すいほう》に帰《き》する …… 116
清水《せいすい》に魚《うお》住まず …… 115
畳《たたみ》の上の水練《すいれん》 …… 77
立て板に水 …… 77
寝耳《ねみみ》に水 …… 98
背水《はいすい》の陣《じん》 …… 102
覆水盆《ふくすいぼん》に返らず …… 110
水入らず …… 115
水清《きよ》ければ魚《うお》住まず …… 115
水と油 …… 115
水のあわ …… 116
水をあける …… 116
水を打ったよう …… 116
水をさす …… 14
焼《や》け石に水 …… 122
湯水《ゆみず》のように使う …… 124

【火】

遠水《えんすい》は近火《きんか》を救《すく》わず …… 88
火中《かちゅう》のくりを拾う …… 48
口火《くちび》を切る …… 25

対岸《たいがん》の**火**事 …… 74
飛《と》んで**火**に入《い》る夏の虫 …… 91
火に油を注《そそ》ぐ …… 108
火のない所にけむりは立たぬ …… 108
火ぶたを切る …… 108

食べ物

【食べ物・飲み物】

絵にかいた**もち** …… 42
たなから**ぼたもち** …… 78
もちは**もち**屋 …… 121
焼《や》き**もち**を焼《や》く …… 122
手前**みそ** …… 85
みそをつける …… 17
朝《あさ》**飯**《めし》前 …… 44
あつものにこりて**なます**をふく …… 32
同じかまの**飯**《めし》を食う …… 16
ごまめの歯ぎしり …… 60
ごまをする …… 15
コロンブスの**卵**《たまご》 …… 61
手《て》**塩**《しお》にかける …… 84
とうふにかすがい …… 87
とんびに**油あげ**をさらわれる …… 91
ぬかにくぎ …… 96
猫《ねこ》に**かつお節**《ぶし》 …… 9
花より**だんご** …… 105
お**茶の子**さいさい …… 44
お**茶**をにごす …… 44
へそが**茶**をわかす …… 112
酒は百薬《ひゃくやく》の長《ちょう》 …… 62

1 数字 2

【一～九】

一《いち》か**八**《ばち》か …… 101
一《いち》期《ご》**一**《いち》会《え》 …… 35
一《いち》難《なん》去《さ》ってまた**一**《いち》難《なん》 …… 72
一年の計《けい》は元《がん》旦《たん》にあり …… 35
一《いち》網《もう》打《だ》尽《じん》 …… 35
一《いち》目《もく》置《お》く …… 27
一《いっ》攫《かく》千《せん》金《きん》 …… 36
一《いっ》挙《きょ》両《りょう》得《とく》 …… 7、95
一《いっ》心《しん》不《ふ》乱《らん》 …… 118
一《いっ》寸《すん》先はやみ …… 36
一《いっ》寸《すん》の虫にも**五**《ご》分《ぶ》のたましい …… 36
一《いっ》石《せき》**二**《に》鳥《ちょう》 …… 7
一《いっ》石《せき》を投《とう》じる …… 36
危《き》機《き》**一**《いっ》髪《ぱつ》 …… 52
紅《こう》**一**《いっ》点《てん》 …… 58
大《たい》山《ざん》鳴《めい》動《どう》してねずみ**一**ぴき …… 75
鶴《つる》の**一**《ひと》声《こえ》 …… 6
氷山の**一**角 …… 109
ローマは**一**日にして成《な》らず …… 127
うり**二**つ …… 41
天は**二**《に》物《ぶつ》をあたえず …… 86
二階から目薬 …… 94
二《に》束《そく》**三**《さん》文《もん》 …… 94
二足のわらじをはく …… 95
二《に》兎《と》を追う者は**一**《いっ》兎《と》をも得《え》ず …… 95
二の足をふむ …… 95
二番せんじ …… 95
石の上にも**三**年 …… 34
再《さい》**三**《さん》再《さい》**四**《し》 …… 62
朝《ちょう》**三**《さん》暮《ぼ》**四**《し》 …… 80
早起きは**三**《さん》文《もん》の得《とく》 …… 105
三日坊《ぼう》主《ず》 …… 116
三つ子のたましい**百**まで …… 116
目を**三**角にする …… 120
ももくり**三**年かき**八**年 …… 121
四《し》面《めん》楚《そ》歌《か》 …… 65
四《し》**六**《ろく》時《じ》中《ちゅう》 …… 68
五《ご》里《り》霧《む》中《ちゅう》 …… 61
七転び**八**起き …… 92
傍《おか》目《め》**八**《はち》目《もく》 …… 27
口**八**丁手**八**丁 …… 55
八《はっ》方《ぽう》美《び》人《じん》 …… 104
十《じゅう》人《にん》**十**《と》色《いろ》 …… 66
五《ご》**十**《じっ》歩《ぽ》**百**《ひゃっ》歩《ぽ》 …… 60
人のうわさも**七十五**日 …… 108
すずめ**百**までおどりわすれず …… 70
百《ひゃく》聞《ぶん》は**一**《いっ》見《けん》にしかず …… 109
百《ひゃっ》発《ぱつ》**百**《ひゃく》中《ちゅう》 …… 109
八《や》**百**《お》長《ちょう》 …… 122
悪《あく》事《じ》**千**《せん》里《り》を走る …… 29
海《うみ》**千**《せん》山《やま》**千**《せん》 …… 41
千《せん》差《さ》**万**《ばん》別《べつ》 …… 72
千里《り》の道も**一**歩から …… 72
鶴《つる》は**千**年亀《かめ》は**万**年 …… 83

ほかにもこんな言葉があるよ

- **一**《いち》日《じつ》の長《ちょう》……能力《のうりょく》や知識《ちしき》が、ほかの人よりも少しだけすぐれている。
- **一**を聞いて**十**を知る……頭がよくて、すぐに理《り》解《かい》してしまう。
- **三**人よれば文《もん》殊《じゅ》のちえ……**三**人で相《そう》談《だん》すれば、よい考えがうかんでくるものだ。
- **三**度目の正《しょう》直《じき》……**一**度や**二**度は失《しっ》敗《ぱい》したとしても、**三**度目にはうまくいくものだ。
- **九**死に**一**生を得《え》る……もう少しで死んでしまいそうだったが、何とか命が助かる。

人の名前

内《うち》**弁**《べん》**慶**《けい》の外《そと》地《じ》蔵《ぞう》 …… 39
弁《べん》**慶**《けい》の泣《な》き所 …… 112
弘《こう》**法**《ぼう》にも筆《ふで》のあやまり …… 58
弘《こう》**法**《ぼう》筆《ふで》を選《えら》ばず …… 58
コロンブスの卵《たまご》 …… 61
杜《ず》**撰**《さん》 …… 70

さくいん

この本にのっていることわざ・慣用句《かんようく》・四字熟語《よじじゅくご》・故事成語《こじせいご》が引けるさくいんです。太字は見出し語として取り上げた言葉、細字は「似《に》た意味・反対の意味の言葉」や、「仲間《なかま》のことわざ」（133ページ）で取り上げた言葉です。

あ

- **開いた口がふさがらない** …… 28
- **相づちを打つ** …… 28
- **阿吽《あうん》の呼吸《こきゅう》** …… 28
- **青菜《あおな》に塩《しお》** …… 29
- **青は藍《あい》より出《い》でて藍《あい》よりも青し** …… 29
- **秋の日はつるべ落とし** …… 29
- **あくが強い** …… 14
- **悪事千里《あくじせんり》を走る** …… 29
- **悪銭《あくせん》身につかず** …… 29
- **あげ足を取る** …… 23
- **挙句《あげく》の果《は》て** …… 30
- 朝飯前《あさめしまえ》 …… 44
- **足が地に着かない** …… 30
- 足が地に着く …… 30
- **足手まとい** …… 30
- **足下《あしもと》から鳥が立つ** …… 30
- **足を洗《あら》う** …… 30
- **頭かくしてしりかくさず** …… 31
- **頭の上のはえを追え** …… 31
- **頭をかかえる** …… 31
- **頭をひねる** …… 31
- **頭をもたげる** …… 31
- **暑さ寒さも彼岸《ひがん》まで** …… 32
- **あつものにこりてなますをふく** …… 32
- **あとの祭り** …… 32
- **あぶない橋をわたる** …… 32
- **あぶはちとらず** …… 33
- **油を売る** …… 33
- **雨だれ石をうがつ** …… 33
- **雨ふって地固《じかた》まる** …… 33
- **あらをさがす** …… 17
- 暗中模索《あんちゅうもさく》 …… 61

い

- 生き馬の目をぬく …… 134
- 意気投合《いきとうごう》 …… 40
- **異口同音《いくどうおん》** …… 34
- **いさみ足** …… 23
- **石の上にも三年** …… 34
- **石橋をたたいてわたる** …… 34
- 医者の不養生《ふようじょう》 …… 59
- **急がば回れ** …… 35
- **板につく** …… 35
- 一《いち》か八《ばち》か …… 101
- **一期一会《いちごいちえ》** …… 35
- 一日《いちじつ》の長《ちょう》 …… 137
- 一難《いちなん》去《さ》ってまた一難《いちなん》 …… 72
- **一年の計は元旦《がんたん》にあり** …… 35
- **一網打尽《いちもうだじん》** …… 35
- **一目置《いちもくお》く** …… 27
- 一を聞いて十を知る …… 137
- **一攫千金《いっかくせんきん》** …… 36
- 一挙両得《いっきょりょうとく》 …… 7、95
- 一心不乱《いっしんふらん》 …… 118
- **一寸《いっすん》先はやみ** …… 36
- **一寸《いっすん》の虫にも五分《ごぶ》のたましい** …… 36
- **一石二鳥《いっせきにちょう》** …… 7
- **一石《いっせき》を投《とう》じる** …… 36
- 犬に論語《ろんご》 …… 40、103
- **犬の遠ぼえ** …… 37
- **犬も歩けばぼうに当たる** …… 37
- **井《い》の中のかわず大海《たいかい》を知らず** …… 37
- **意味深長《いみしんちょう》** …… 37
- **いもづる式** …… 13
- **いものにえたもごぞんじない** …… 14
- **いもを洗《あら》うよう** …… 15
- **いわしの頭も信心《しんじん》から** …… 37

う

- **魚心《うおごころ》あれば水心《みずごころ》** …… 38
- **烏合《うごう》の衆《しゅう》** …… 38
- **雨後《うご》のたけのこ** …… 38
- 牛の角《つの》をはちがさす …… 46
- 後《うし》ろがみを引かれる …… 133
- **うだつが上がらない** …… 39
- **内弁慶《うちべんけい》の外地蔵《そとじぞう》** …… 39
- うでによりをかける …… 134
- **うどの大木《たいぼく》** …… 13
- **うなぎの寝床《ねどこ》** …… 10
- **うなぎのぼり** …… 39
- **うのまねをするからす** …… 39
- **うのみにする** …… 40
- **うの目たかの目** …… 40
- **馬が合う** …… 40
- **馬の耳に念仏《ねんぶつ》** …… 40
- 海千河千《うみせんかわせん》 …… 41
- **海千山千《うみせんやません》** …… 41
- **うら目に出る** …… 41
- うり二つ …… 41
- **うわさをすればかげがさす** …… 41

え

- **雲泥《うんでい》の差《さ》** …… 41
- **絵にかいたもち** …… 42
- **えびでたいをつる** …… 10
- **えりを正す** …… 42
- 遠水《えんすい》は近火《きんか》を救《すく》わず …… 88
- **縁《えん》の下の力持ち** …… 42

お

- **王手をかける** …… 26
- おうむ返し …… 6
- **大船に乗ったよう** …… 43
- **大目玉《おおめだま》を食う** …… 43

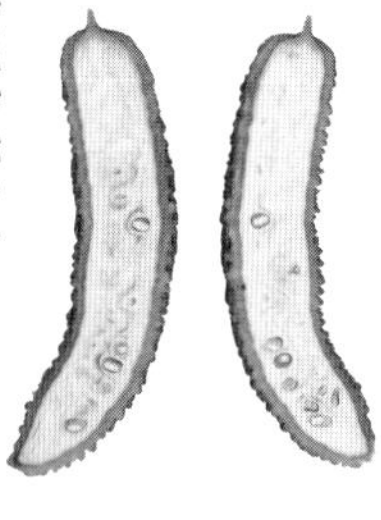

おかに上がったかっぱ …… 135
傍目八目《おかめはちもく》 …… 27
奥歯《おくば》にものがはさまったよう …… 105
おしどり夫婦《ふうふ》 …… 43
お茶の子さいさい …… 44
お茶をにごす …… 44

同じ穴《あな》のむじな …… 44
同じかまの飯《めし》を食う …… 16
鬼《おに》が出るか蛇《じゃ》が出るか …… 135
鬼《おに》に金《かな》ぼう …… 44
鬼《おに》の目にもなみだ …… 44
帯《おび》に短したすきに長し …… 45
尾《お》ひれがつく …… 45
おぼれる者はわらをもつかむ …… 45
思い立ったが吉日《きちじつ》 …… 72
温故知新《おんこちしん》 …… 45
女心と秋の空 …… 45

か

かい犬に手をかまれる …… 134
かえるの子はかえる …… 46
かえるの面《つら》に水 …… 46
顔から火が出る …… 133
顔に泥《どろ》をぬる …… 46
顔をつぶす …… 46
顔をよごす …… 46
学問に王道《おうどう》なし …… 47
風上《かざかみ》に置《お》けない …… 47
かさに着る …… 47
かじを取る …… 47
風がふけばおけ屋がもうかる …… 47
かたがつく …… 126
肩《かた》すかしを食う …… 22
固唾《かたず》をのむ …… 48
型《かた》にはまる …… 48
肩身《かたみ》がせまい …… 134
型《かた》やぶり …… 48
肩《かた》をならべる …… 48
火中《かちゅう》のくりを拾う …… 48
花鳥風月《かちょうふうげつ》 …… 48
勝ってかぶとの緒《お》をしめよ …… 24
かっぱに水練《すいれん》 …… 65
かっぱの川流れ …… 49
我田引水《がでんいんすい》 …… 49
角《かど》が取れる …… 49
かぶとをぬぐ …… 49
かべに耳あり障子《しょうじ》に目あり …… 49
果報《かほう》は寝《ね》て待て …… 114
かまをかける …… 50
亀《かめ》の甲《こう》より年の劫《こう》 …… 50
かもがねぎをしょって来る …… 50
かやの外 …… 50
からすの行水《ぎょうずい》 …… 51
借《か》りてきた猫《ねこ》 …… 8
画竜点睛《がりょうてんせい》 …… 51
かれ木も山のにぎわい …… 51
かわいい子には旅をさせよ …… 51
かんこ鳥が鳴く …… 51

き

気が置《お》けない …… 52
危機一髪《ききいっぱつ》 …… 52
聞き耳を立てる …… 117
きじの草がくれ …… 31
きじも鳴かずばうたれまい …… 7
机上《きじょう》の空論《くうろん》 …… 52
疑心暗鬼《ぎしんあんき》 …… 135
機先《きせん》を制《せい》する …… 85
きつねにつままれたよう …… 135
木に竹をつぐ …… 52
木によりて魚《うお》を求《もと》む …… 53、129
きびすを返す …… 53
きまりが悪い …… 104
脚光《きゃっこう》をあびる …… 53
九死に一生を得《え》る …… 137
窮鼠《きゅうそ》猫《ねこ》をかむ …… 134
漁夫《ぎょふ》の利《り》 …… 53、129
清水《きよみず》の舞台《ぶたい》から飛《と》びおりる …… 53
木を見て森を見ず …… 136

く

くぎをさす …… 54
くさいものにふたをする …… 54
くさってもたい …… 55
草の根を分けてさがす …… 54
口がかたい …… 55
口が軽い …… 55
口車に乗せる …… 133
口八丁手八丁 …… 55
口はわざわいの門《かど》 …… 55
口火《くちび》を切る …… 25
口をそろえる …… 55
くもの子を散《ち》らす …… 56
雲をつかむ …… 56
苦しいときの神だのみ …… 56
群《ぐん》をぬく …… 56

け

鶏口《けいこう》となるも牛後《ぎゅうご》となるなかれ …… 57、129
蛍雪《けいせつ》の功《こう》 …… 57、130
けがの功名《こうみょう》 …… 57
げたをあずける …… 21
げたをはかせる …… 21
犬猿《けんえん》の仲《なか》 …… 57

こ

紅一点《こういってん》 …… 58
後悔《こうかい》先に立たず …… 58
厚顔無恥《こうがんむち》 …… 83
好事魔《こうじま》多し …… 82
好事門《こうじもん》を出《い》でず …… 29
弘法《こうぼう》にも筆《ふで》のあやまり …… 58
弘法筆《こうぼうふで》を選《えら》ばず …… 58
紺屋《こうや》の白ばかま …… 59
呉越同舟《ごえつどうしゅう》 …… 59
故郷《こきょう》へ錦《にしき》をかざる …… 59

虎穴《こけつ》に入《い》らずんば虎子《こじ》を得《え》ず……59
腰《こし》が高い……59
腰《こし》が強い……59
腰《こし》が低《ひく》い……59
虎視眈眈《こしたんたん》……60
五十歩百歩《ごじっぽひゃっぽ》……60、130
腰《こし》をすえる……60
ごまめの歯ぎしり……60

ごまをする……15
五里霧中《ごりむちゅう》……61、130
転ばぬ先のつえ……61
転んでもただでは起きぬ……61
コロンブスの卵《たまご》……61
言語道断《ごんごどうだん》……61

さ

再三再四《さいさんさいし》……62
酒は百薬《ひゃくやく》の長《ちょう》……62
雑魚寝《ざこね》……11
さじを投げる……62
さばを読む……62
猿《さる》も木から落ちる……63
去る者は追わず……63
さわらぬ神にたたりなし……63
さんしょうは小つぶでもぴりりとからい……63
三度目の正直《しょうじき》……137
三人よれば文殊《もんじゅ》のちえ……137

し

自画自賛《じがじさん》……64
敷居《しきい》が高い……64
仕切り直し……22
自業自得《じごうじとく》……115
事実無根《じじつむこん》……99
地団駄《じだんだ》をふむ……64
しっぽを出す……102、113
しっぽをまく……65
しのぎをけずる……24
四面楚歌《しめんそか》……65
釈迦《しゃか》に説法《せっぽう》……65
しゃくし定規《じょうぎ》……65
しゃくしは耳かきにならず……75
弱肉強食《じゃくにくきょうしょく》……66
しゃちほこばる……66
蛇《じゃ》の道はへび……66
十人十色《じゅうにんといろ》……66
重箱《じゅうばこ》のすみをようじでつつく……17
数珠《じゅず》つなぎ……67
順風《じゅんぷう》に帆《ほ》を上げる……67
順風満帆《じゅんぷうまんぱん》……67
将棋《しょうぎ》だおし……26
上手《じょうず》の手から水がもる……67
小の虫を殺《ころ》して大の虫を助ける……135
枝葉末節《しようまっせつ》……136
将《しょう》を射《い》んとほっすればまず馬を射《い》よ……134
触手《しょくしゅ》をのばす……67
知らぬが仏《ほとけ》……68
白羽《しらは》の矢が立つ……68
しり馬に乗る……68
しり切れとんぼ……135
四六時中《しろくじちゅう》……68
針小棒大《しんしょうぼうだい》……68
人事《じんじ》をつくして天命を待つ……68
しんぼうする木に金がなる……34

す

水魚《すいぎょ》の交《まじ》わり……69
推敲《すいこう》……69、131
水泡《すいほう》に帰《き》する……116
すいもあまいもかみ分ける……69
頭《ず》が高い……59
頭寒足熱《ずかんそくねつ》……133
杜撰《ずさん》……70
すずめのなみだ……70
すずめ百までおどりわすれず……70
図星《ずぼし》を指す……70
住めば都《みやこ》……70

せ

晴耕雨読《せいこううどく》……71
清水《せいすい》に魚《うお》住まず……115
急《せ》いてはことをしそんじる……35
青天《せいてん》のへきれき……71
せきを切る……71
切羽《せっぱ》つまる……25
千差万別《せんさばんべつ》……72
船頭《せんどう》多くして船山《ふねやま》にのぼる……72
善《ぜん》は急げ……72
前門《ぜんもん》の虎《とら》後門《こうもん》のおおかみ……72
千里《り》の道も一歩から……72

そ

総毛《そうけ》立《だ》つ……90
底《そこ》が知れない……73
底《そこ》をつく……73
そでふり合うも他生《たしょう》の縁《えん》……21
そなえあればうれいなし……73
反《そ》りが合わない……24
そろばんをはじく……73

た

対岸《たいがん》の火事……74
大器晩成《たいきばんせい》……74
太鼓判《たいこばん》をおす……75
大山鳴動《たいざんめいどう》してねずみ一ぴき……75
大同小異《だいどうしょうい》……75
たいの尾《お》よりいわしの頭……75
大は小をかねる……75
たががゆるむ……76
高ねの花……74
高飛車《たかびしゃ》……26
宝の持ちぐされ……76
竹をわったよう……76
他山《たざん》の石……76
蛇足《だそく》……76

畳《たたみ》の上の水練《すいれん》……77
立つ鳥あとをにごさず……77
立て板に水……77
たで食う虫も好《す》き好《ず》き……77
立てば芍薬《しゃくやく》すわれば牡丹《ぼたん》
　歩くすがたは百合《ゆり》の花……12
たなからぼたもち……78
たなに上げる……78
他人行儀《たにんぎょうぎ》……78
たのみのつな……78
旅は道連《づ》れ世は情《なさ》け……78
玉にきず……79
玉みがかざれば器《うつわ》とならず……79
玉みがかざれば光なし……79
玉虫色《たまむしいろ》……79
だめをおす……79

ち

ちえをしぼる……31
竹馬《ちくば》の友……80、131
血のにじむよう……80
忠言耳《ちゅうげんみみ》にさからう……80
朝三暮四《ちょうさんぼし》……80
ちょうちんにつりがね……81
朝令暮改《ちょうれいぼかい》……81
猪突猛進《ちょとつもうしん》……81
ちりも積《つ》もれば山となる……81

つ

月とすっぽん……82
月にむら雲、花に風……82
月夜にちょうちん……82
つじつまが合う……20
つぶがそろう……83
つぶぞろい……83
つむじを曲げる……83
つめのあかをせんじて飲む……83
面《つら》の皮があつい……83
鶴《つる》の一声《ひとこえ》……6
鶴《つる》は千年亀《かめ》は万年……83

て

手ぐすねを引く……84
てこずる……86
てこでも動かない……84
手塩《てしお》にかける……84
手玉に取る……18
鉄は熱《あつ》いうちに打て……85
手にあせをにぎる……85
手の平《ひら》を返す……18
出ばなをくじく……85
手前勝手……49
手前みそ……85
手も足も出ない……85
出るくいは打たれる……86
手を切る……30
手をにぎる……19
手を結《むす》ぶ……19
手を焼《や》く……86
天狗《てんぐ》になる……86
天高く馬こゆる秋……86
天は二物《にぶつ》をあたえず……86
てんびんにかける……86

と

頭角《とうかく》をあらわす……87
とうげをこす……87
灯台《とうだい》もと暗し……88
とうふにかすがい……87
登竜門《とうりゅうもん》……88
とうろうのおの……88、131
遠くの親類《しんるい》より近くの他人……88
とかげのしっぽ切り……89
とぐろをまく……89
とどのつまり……89
となりのしばふは青い……89
となりの花は赤い……89
飛《と》ぶ鳥を落とすいきおい……89
虎《とら》につばさ……44
とらぬたぬきの皮算用《かわざんよう》……135
虎《とら》の威《い》を借《か》るきつね……90
取りつく島もない……90
鳥なき里のこうもり……90
鳥はだが立つ……90
どろぼうをとらえてなわをなう……90
どんぐりのせいくらべ……91

飛《と》んで火に入《い》る夏の虫……91
とんびがたかを生む……91
とんびに油あげをさらわれる……91
とんぼ返り……91

な

ないそではふれない……20
長いものにはまかれろ……92
泣《な》き面《つら》にはち……92
情《なさ》けは人のためならず……92
七転び八起き……92
なめくじに塩《しお》……29
習うよりなれよ……93
鳴りをひそめる……93

に

二階から目薬……94
にがした魚は大きい……11
にくまれっ子世にはばかる……94
にげるが勝ち……114
二束三文《にそくさんもん》……94
二足のわらじをはく……95
にても焼《や》いても食えぬ……95
二兎《にと》を追う者は一兎《いっと》をも得《え》ず……95
二の足をふむ……95
二番せんじ……95

ぬ

ぬかにくぎ……96
ぬき差《さ》しならない……96

ま

まかぬ種《たね》は生えぬ　114
幕《まく》を開ける　114
幕《まく》を上げる　114
幕《まく》を閉じる　114
負けるが勝ち　114
待てば海路《かいろ》の日和《ひより》あり　114
的《まと》を射《い》る　114
まな板のこい　11
丸くなる　49

み

身から出たさび　115
水入らず　115
水清《きよ》ければ魚《うお》住まず　115
水と油　115
水のあわ　116
水をあける　116
水を打ったよう　116
水をさす　14
みそをつける　17
道草を食う　116
三日坊主《ぼうず》　116
三つ子のたましい百まで　116
実るほど頭の下がる稲穂《いなほ》かな　117
耳にたこができる　117
耳をすます　117
耳をそばだてる　117
身もふたもない　117
身をくだく　117
身を粉《こ》にする　117
実を結《むす》ぶ　13

む

無我夢中《むがむちゅう》　118
虫の息　118
矛盾《むじゅん》　118
無用《むよう》の長物《ちょうぶつ》　118

め

目が肥《こ》える　119
芽《め》が出る　119
目角《めかど》を立てる　120
目からうろこが落ちる　119
目から鼻へぬける　119
目くじらを立てる　120
目くそ鼻くそを笑《わら》う　120
目白《めじろ》おし　7
目には目を歯には歯を　133
目の上のこぶ　133
目は口ほどにものを言う　120
目も当てられない　120
目を皿のようにする　120
目を三角にする　120
目をつり上げる　120

も

もちはもち屋　121
もぬけのから　121
ももくり三年かき八年　121
門前市《もんぜんいち》をなす　51
門前雀羅《もんぜんじゃくら》をはる　51

や

八百長《やおちょう》　122
焼《や》きもちを焼《や》く　122
役不足《やくぶそく》　122
焼《や》け石に水　122
やせうでにもほね　36
やなぎに風　12
やなぎの下にいつもどじょうはいない　123
やぶからぼう　123
やぶへび　123
山をかける　123
山をこす　87

ゆ

優勝劣敗《ゆうしょうれっぱい》　66
有名無実《ゆうめいむじつ》　124
悠悠自適《ゆうゆうじてき》　71
油断大敵《ゆだんたいてき》　124
湯水《ゆみず》のように使う　124

よ

羊頭狗肉《ようとうくにく》　124
横板に雨だれ　77
横車《よこぐるま》をおす　124
横やりを入れる　125
よしのずいから天井《てんじょう》をのぞく　125
よってたかって　125
よらば大樹《たいじゅ》のかげ　125
弱音《よわね》をはく　99
弱り目にたたり目　92

ら〜ろ

来年のことを言えば鬼《おに》が笑《わら》う　135
らちが明かない　126
李下《りか》にかんむりを正さず　126
竜頭蛇尾《りゅうとうだび》　126
両手に花　19
良薬《りょうやく》は口に苦《にが》し　126
類《るい》は友をよぶ　127
類《るい》をもって集まる　127
るりもはりも照《て》らせば光る　127
レッテルをはられる　127
ローマは一日にして成《な》らず　127
論《ろん》より証拠《しょうこ》　127

わ

若《わか》いときの苦労《くろう》は買《こ》うてもせよ　51
わざわいを転じて福となす　128
わたりに船　128
笑《わら》う門《かど》には福来たる　128
わらにもすがる　128

監修

倉島節尚（くらしま　ときひさ）

1935(昭和10)年長野県生まれ。1959(昭和34)年東京大学文学部国語国文学科を卒業、三省堂に入社。以後30年間国語辞典の編集に携わる。『大辞林』(初版)の編集長。三省堂で常務取締役・出版局長を務め、1990(平成2)年から大正大学文学部教授、2008(平成20)年同大学名誉教授。

『辞書は生きている』(ほるぷ出版)、『辞書と日本語』(光文社)、『宝菩提院本 類聚名義抄』『同　和訓索引』『日本語辞書学への序章』(以上、大正大学出版会)、共編に『新小辞林 第５版』(三省堂)、『日本辞書辞典』『日本語辞書学の構築』(以上、おうふう)そのほか、辞書に関する著作が多い。

●装丁・本文デザイン　松田直子(Zapp!)
●撮影　上林徳寛
●イラスト　林幸
●執筆協力　添原泉
●校正協力　小石史子
●編集協力　奥村笑子
●編集制作　株式会社童夢

[写真提供]（五十音順・敬称略）
いなか工房／池田拓司／上田恭幸／遠州掛川　鎧屋／大塚祐二／大工道具専門店 PRO SHOP HOKUTO／大橋成好／株式会社箔一／株式会社フォト・オリジナル／株式会社老子製作所／久保田寿一／佐々木工業株式会社／サジタリアス・エンタープライズ LTD／柴田誠／松竹株式会社／楽しい専業主婦生活／道具工房「三休」／東大寺／どじょう家族の日記／中尾哲也／中野馨一／西田佑児／練馬石泉相撲クラブ／野辺のにぎわい／原田知篤／水野秀則(HP『未来航路』)／みつぞう／有限会社小山矢／ゆんフリー写真素材集／リバートップ／ロイヤル・カリビアン・クルーズ／六郷印章業連合組合／和鋼博物館／和　着楽座／Blogデジカメ散歩日記／KAERU NINJA ／ NPO法人エコシステム

写真で読み解く　**ことわざ大辞典**

発行　2011年２月　初　版
　　　2025年７月　第9刷
監修　倉島節尚
発行者　岡本光晴
発行所　株式会社あかね書房
〒101-0065
東京都千代田区西神田3-2-1
電話　03-3263-0641(営業)
　　　03-3263-0644(編集)
https://www.akaneshobo.co.jp
印刷・製本　TOPPANクロレ株式会社

ISBN 978-4-251-06642-8

NDC 388
監修　倉島節尚
写真で読み解く　ことわざ大辞典
あかね書房　2011　144P　31cm×22cm

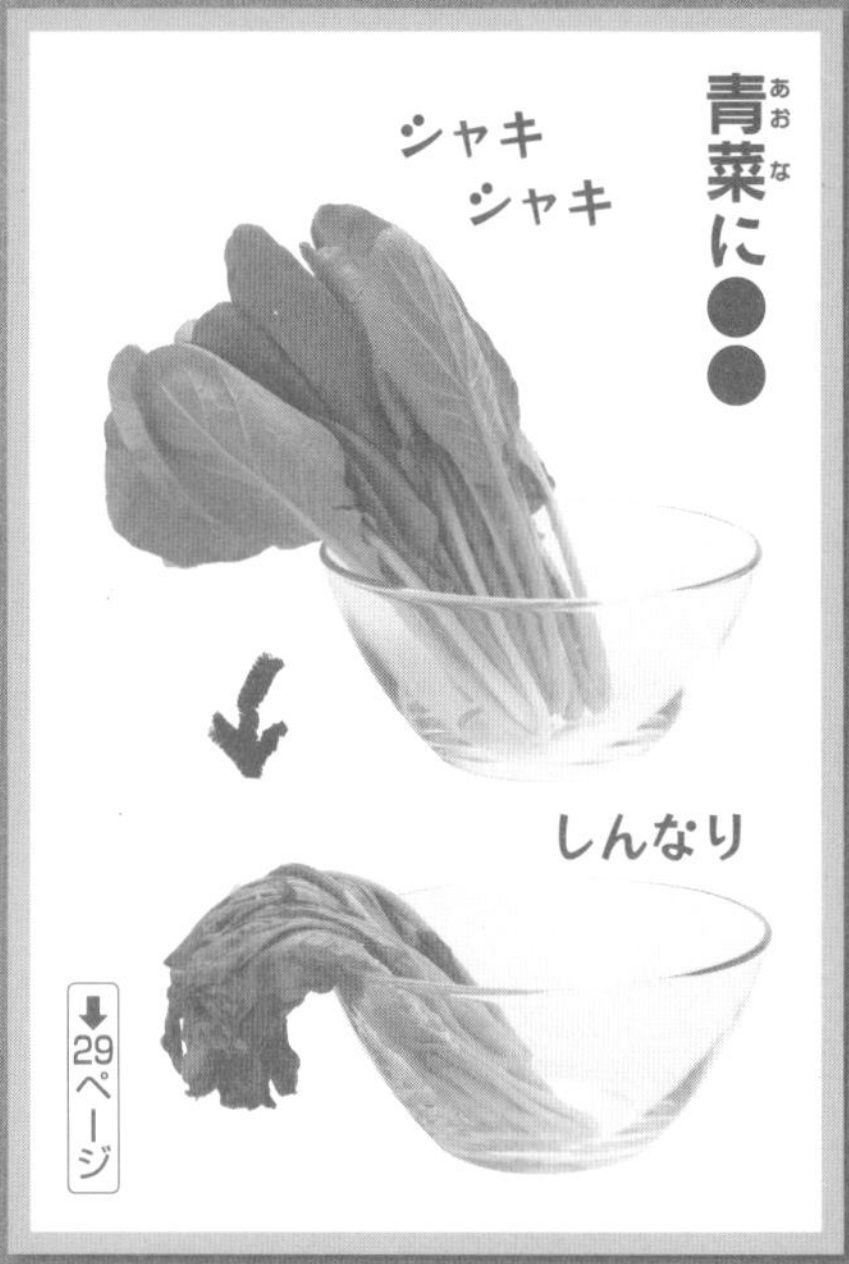
青菜《あおな》に●●
シャキ
シャキ
しんなり
↓29ページ

●●をさす
↓54ページ

●●●返し
コンニチハ
コンニチハ
↓6ページ

●●●●をあらわす
↓102ページ

前門《ぜんもん》の●●後門《こうもん》の●●●●
↓72ページ

●●●返り
↓91ページ

●●●の子さいさい
↓44ページ

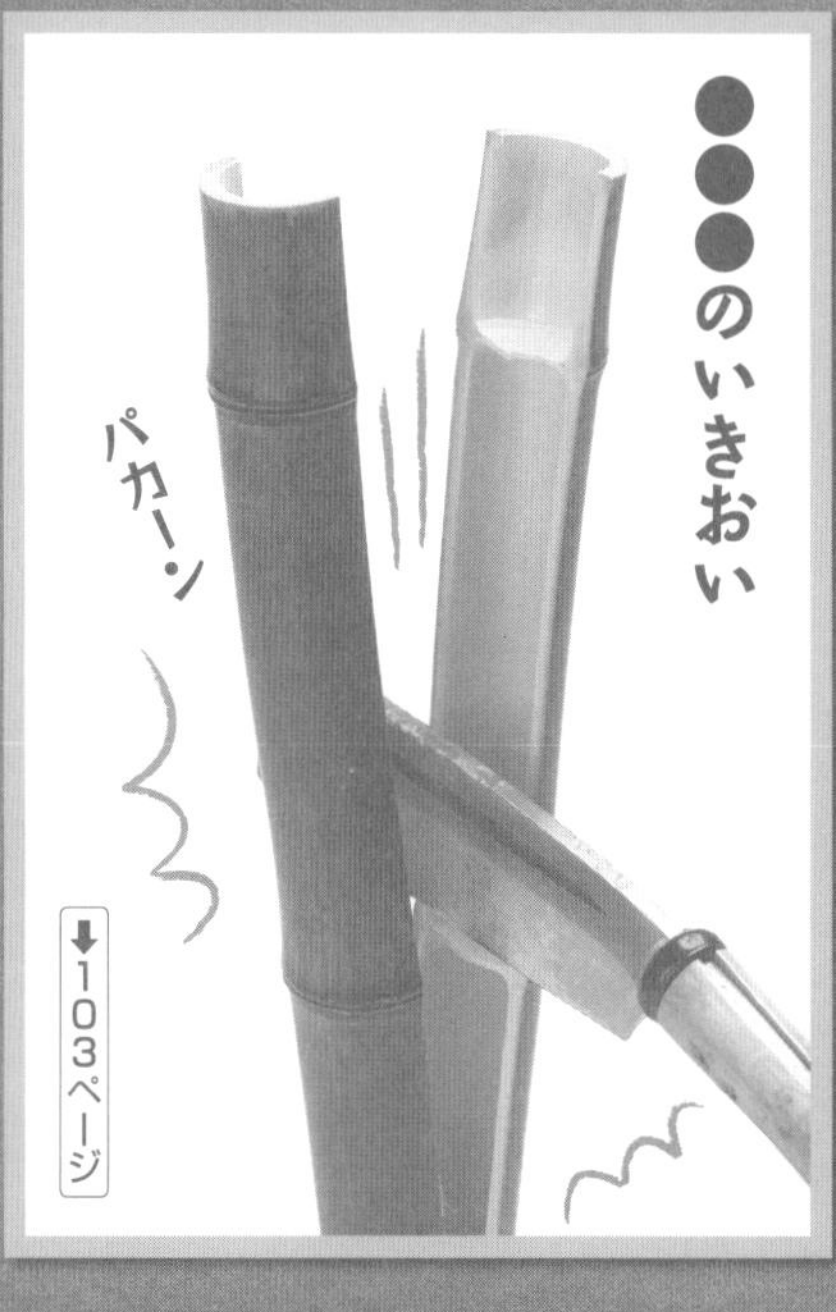
●●●のいきおい
パカーン
↓103ページ

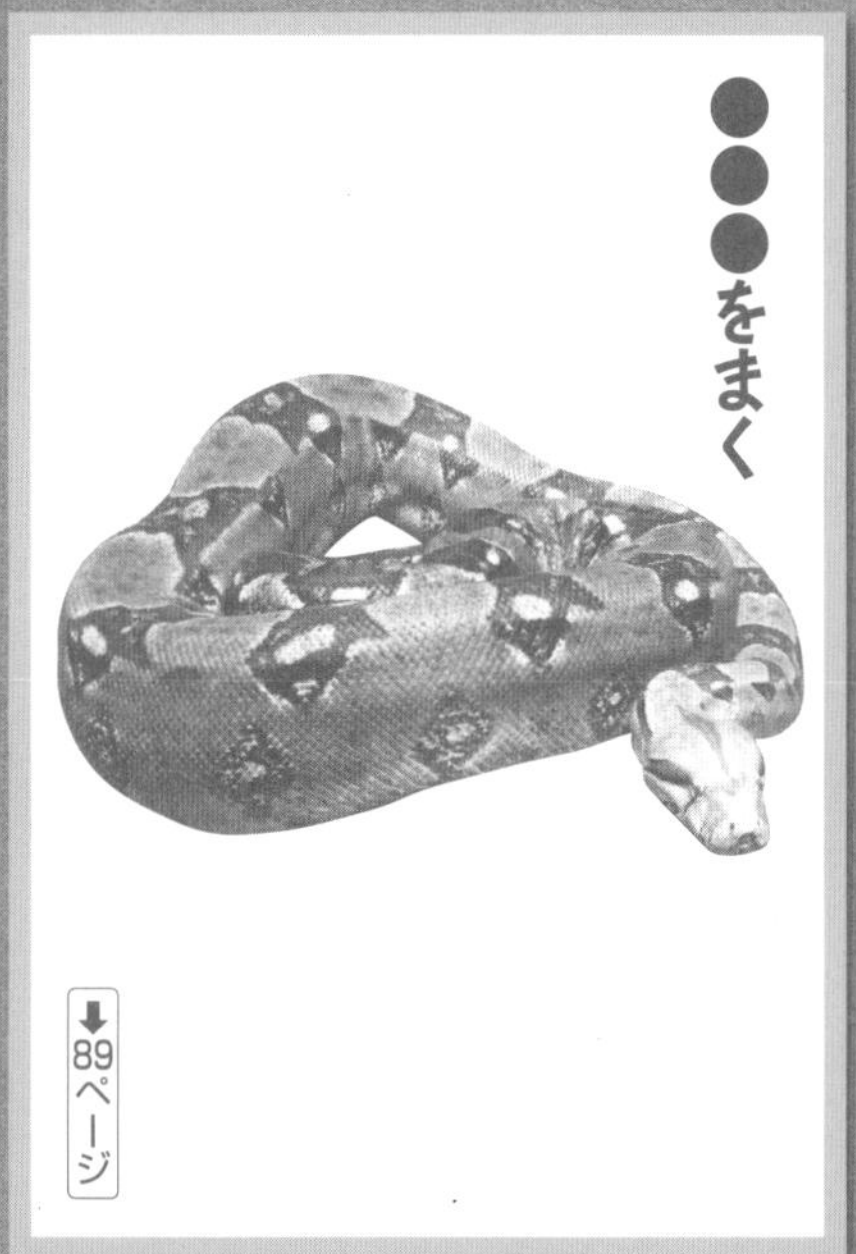
●●●をまく
↓89ページ